Gemüsetopf
Salz
Zubereitung
Das Öl in einem genügend großen Topf erhitzen. Die Zwiebelringe und Fleischwürfel von allen Seiten 5 Minuten anbraten. Das heiße Salzwasser zum Fleisch geben und zugedeckt bei mittlerer Hitze kochen lassen.
Das Gemüse putzen, kleinschneiden und zum Fleisch geben. Zugedeckt 1 Std. kochen lassen.
1 Blumen , 500 g Rind , 2 Zwiebeln,
3 Öl, 3/4 l Wasser, 1 gestr. Salz,
500 g , 300 g , 300 g Bohnen.
POLAND

ISBN 3-8212-0230-0
Text und Design: Michael Lindner
Redaktion: Günter Kojak

Am Hehsel 40, 22339 Hamburg
Aktualisierte Neuauflage 1993
Umschlaggestaltung:
Michael Lindner und Künne & Künne Werbeagentur GmbH,
beide Hamburg
Titelbild: Michael Lindner

Printed in Slovakia

100 NEUARTIGE GESCHENKIDEEN ZUM
STICKEN
BESTECHEND GESTICKTE HANDARBEITEN MIT ANLEITUNGS-SCHULE

Rumtopf
RUM
54%
Zucker
Zubereitung:
Reife Früchte der Saison, 54%igen Rum, Keramiktopf mindestens 3 Liter, 500 g Obst mit 250 g Zucker bestreuen und 1 Stunde ziehen lassen. Anschließend in den Topf füllen und mit Rum aufgießen. Die Früchte mit einem Teller zusammendrücken und den Topf mit Cellophan verschließen. Kühl und dunkel aufbewahren, vor jedem Nachfüllen gut umrühren.
Mai-Juni
Juli
August
Sept.
Okt.
Nov.-Dez.

Inhalt

Sticken und Schenken

Wer anderen Menschen eine Freude machen will, wählt häufig ein selbstgefertigtes Geschenk, weil darin die persönliche Wertschätzung nachhaltig ihren Ausdruck findet. Angesichts des Überangebots an vorgefertigten, unpersönlichen Geschenkartikeln sind verschenkte Stickereien besonders sinnvoll, kann doch auch der des Stickens Unkundige mit einem Blick sehen, wieviel Zeit und Mühe mit der „zauberhaften Nadelmalerei“ verbunden sind: Stich für Stich, mit Kreuz-, Platt-, Flecht-, Zopf- oder Kettenstich entsteht ein selbstgemachtes Bild, mit dem man als neuartiges Geschenk phantasievoll den Alltag verschönern kann.

Wer hätte nicht gern ein geschmackvoll und farbenfroh besticktes Türschild, ein ganz persönlich gestaltetes Brillenetui, einen die Küche schmückenden Tabletthalter, eine phantasievoll bestickte Folkloredecke?

Der Satz „Mit Liebe gestickt“ wird ja als Ausdruck eines Vorurteils gegenüber der Stickerei häufig belächelt, enthält aber bei genauerer Überprüfung doch eine entscheidende Aussage: Stickerei als textile Bildkunst bedarf — wie kaum eine andere Tätigkeit — einer besonders liebevollen Einstellung zu der so mühsamen, aber auch so faszinierenden Tätigkeit. Wer also ein gesticktes Geschenk überreicht, verschenkt damit auch ein Stückchen von sich selbst: von seiner Zeit, von seinen Anstrengungen, von seiner Phantasie, von seinem Geschmack.

Da heute der zeitlose Wert der Stickerei als Kunstsparte und der beschäftigungstherapeutische Wert der Stickerei als Tätigkeit wiederentdeckt werden, müssen die weitverbreiteten Vorstellungen „hausbacken und spießig“ zurückgewiesen werden. Schon die Jeansgeneration hatte sich mit phantasievollen Verzierungen ihrer Jacken und Hosen der uralten Technik wieder erinnert — heute sehen wir, wie immer mehr Menschen mit neuartigen Ideen, Techniken und Materialien der Stickkunst zu einer längst überfälligen Renaissance verhelfen. Wir verfolgen, wie die neuesten Creationen der Pariser Haute Couture mit prachtvoll gestickten Mustern aus Perlen, Pailetten, Goldgarnen und Glassteinen zu wahren Kunstwerken werden;

wir hören, daß in Paris wieder fünfzig Nadelkünstlerinnen die schönsten „Gemälde“ auf zarte Seidenstoffe für Abendroben sticken und stellen fest, daß im Bekanntenkreis sich auch Jüngere an ein gesticktes Schlüsselbrett als einfache Idee für Stickanfänger heranwagen.

Die sinnvolle Verbindung von „Sticken und Schenken“ in diesem Buch ermöglicht ein zeitgemäßes und praktisches Ausüben des uralten Kunsthandwerkes der Stickerei — die Geschenkideen sind so ausgewählt, daß eine reizvolle Mischung zwischen bewährten und völlig neuen Stickideen entsteht: Jeder kann mit Nadel und Faden auf ein mehr oder weniger großes Stückchen Stoff leuchtende Farben, Licht und Schatten, Struktur und Plastizität zaubern!

Praktische Tips & nützliche Ratschläge

Damit Sie beim Nacharbeiten der zahlreichen Stickideen in diesem Handarbeitsbuch vor keine unlösbaren Probleme gestellt werden, veranschaulichen wir auf dieser Doppelseite acht wichtige Arbeitsphasen. So können Sie ohne Schwierigkeiten die Arbeit eines Tapisseristen über profihafte Handgriffe nachvollziehen.

1

2

3

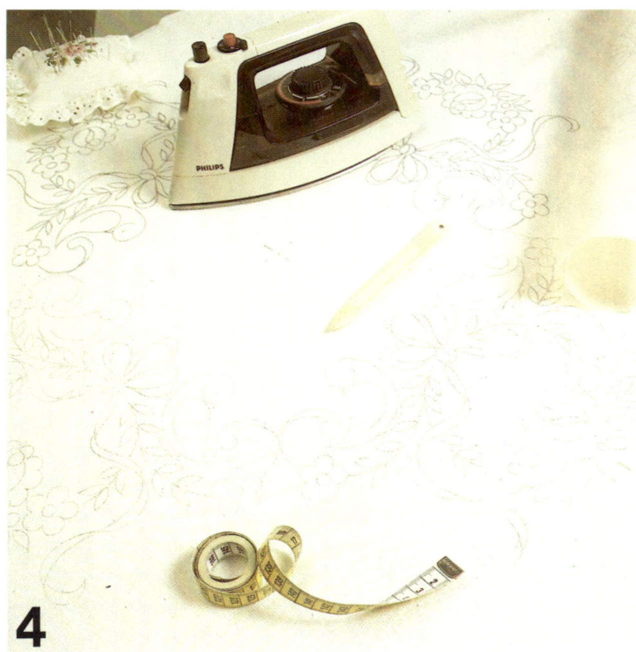

4

8 wichtige Arbeitsphasen

1. Zuerst wird das Muster auf Seidenpapier mit einem weichen Bleistift (HB Mine) übertragen.
2. Alle Materialien sowie Arbeitshilfen die zum guten Gelingen einer Handarbeit notwendig sind.
3. Das Muster kann mit einem Bügeleisen, Falzbein oder Pauspapier auf den Stoff übertragen werden.
4. Die Verteilung der Motive auf der Decke kann nach eigenem Ermessen vorgenommen werden.
5. Um ein besonders gutes Stickbild zu erzielen, empfiehlt es sich stets, in einem Stickrahmen zu sticken.
6. Mit einem schönen Spitzenabschluß versehen, gewinnt Ihre Decke an Wert.
7. Zum Schluß wird die Handarbeit mit einem feuchten Tuch von der Rückseite gebügelt.
8. Voller Stolz können Sie nun Ihre Tischdecke vorzeigen.

DESSIN: 25550
DESSIN: 25550
DESSIN: 25552
DESSIN: 25551
DESSIN: 25550
DESSIN: 25550

A B C D

E F G H

I J K L

M N O P

Q R S T

U V W X

Y Z

Kleine Geschenke
Einfache Ideen für Stickanfänger

Diese kleinen Kreuzsticharbeiten sind schnell und einfach nach einem Zählmuster zu sticken. Mit etwas Phantasie können Sie auch selbst auf einem Karobogen einfache Muster entwerfen. Für diesen Zweck finden sich in jedem Handarbeitskorb Stoff- und Garnreste.

Schlüsselbrett

Ob aus Sperrholz gesägt oder wie auf unserer Abbildung kunstvoll aus Eisen geschmiedet, Möglichkeiten ein Schlüsselbrett mit Stickerei zu verzieren bieten sich immer an.

Brillenetui

Mit wenig Zutaten ist es gebastelt. Sie benötigen zwei Stücke Stoff à 14/20 cm, etwas stabile dünne Pappe, etwa von einem Schnellhefterdeckel. Eine dünne Kordel zum verzieren und etwas Geduld zum Sticken.

5-1324 5-1325 5-1323

Lesezeichen

Als Stoff eignet sich rustikales Halbleinen. Der Stoff sollte etwa 13 x 28 cm groß sein. Sie haben so genügend Stoff für Rückwand und Fransen.

Permin Design

◁ 11-2145 33-2141 ▷

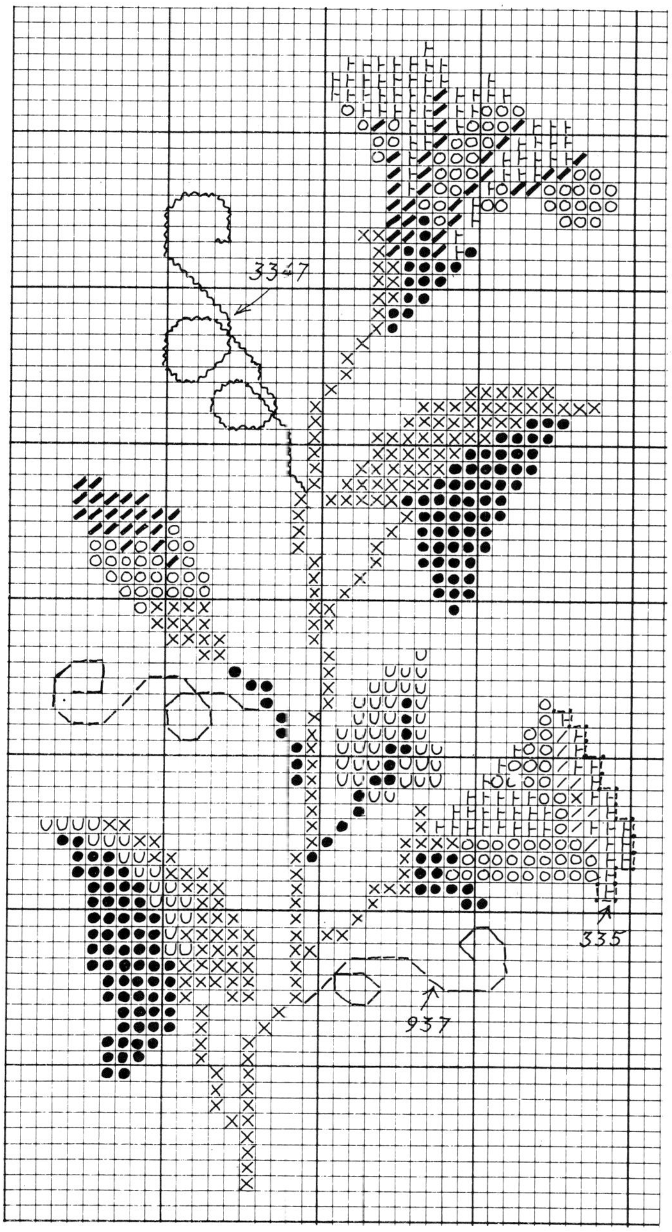

◁ *Design 33-2141*

- ⊢ *hell rosé*
- ○ *rosé*
- ▬ *dunkel rosé*
- ⁄ *gelb*
- ∪ *hellgrün*
- ✕ ~~~~~ *grün*
- ● – – – – *dunkelgrün*

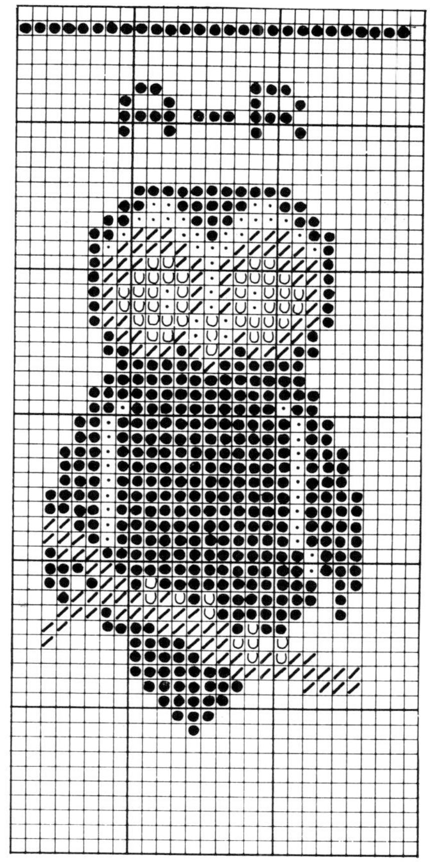

Design 5-1323 ▷

- *rost* ∪
- *gold* ▬
- *braun* ●
- *weiß* ·

3fädig Sticken

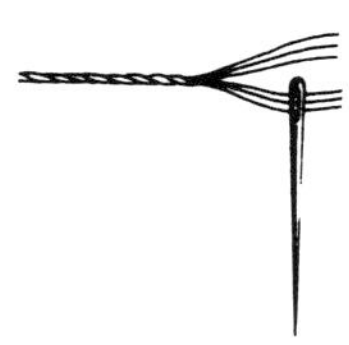

Kreuzstich

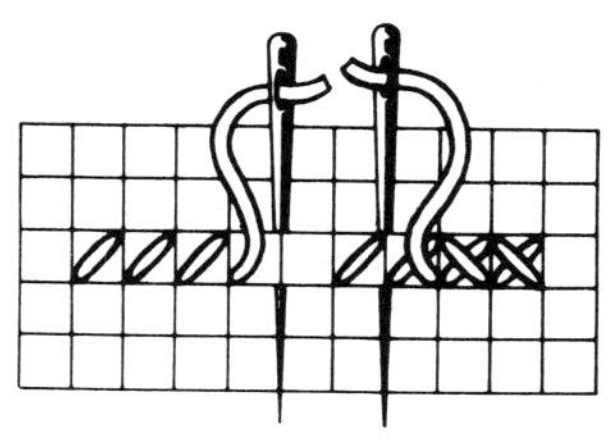

Steppstich

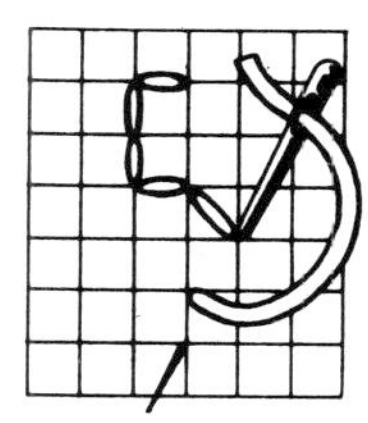

☐ *Ein Kästchen ist gleich ein Kreuz über 2 Fäden*

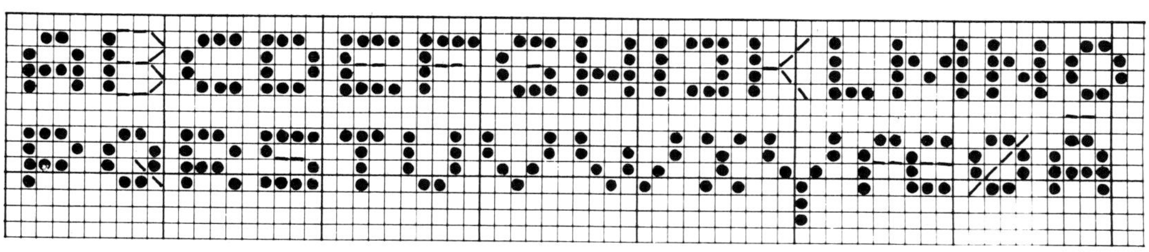

- ⁄ *gelb*
- ∪ *gold*
- V *hellrosé*
- ✕ *ocker*
- ○ *rot*
- ● *dkl'ocker*
- ◢ *lila*
- ▬ *beige*
- ■ *dunkelbraun*

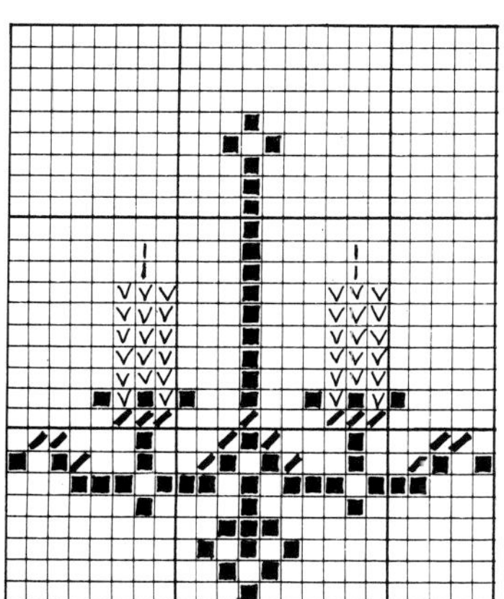

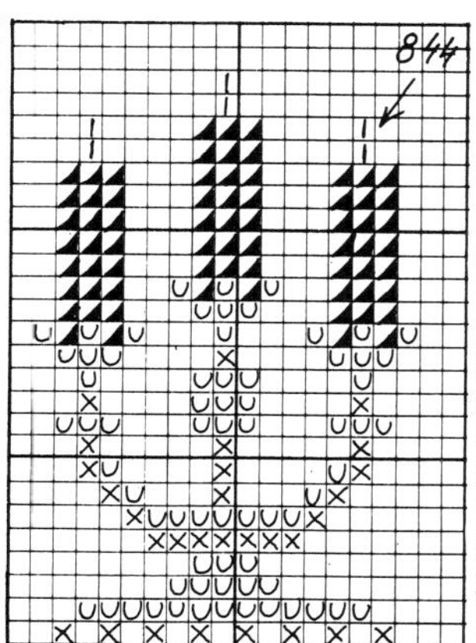

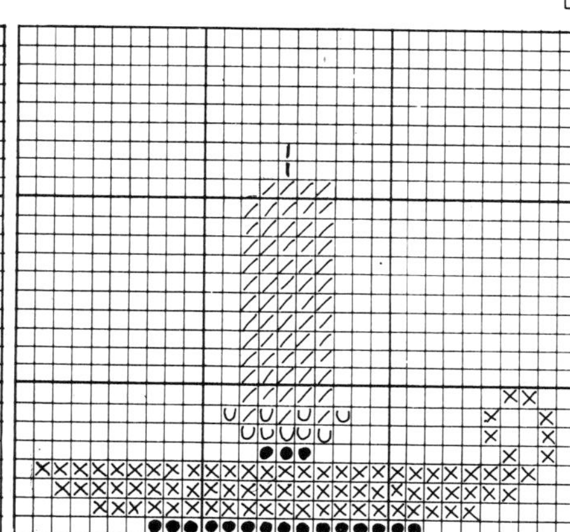

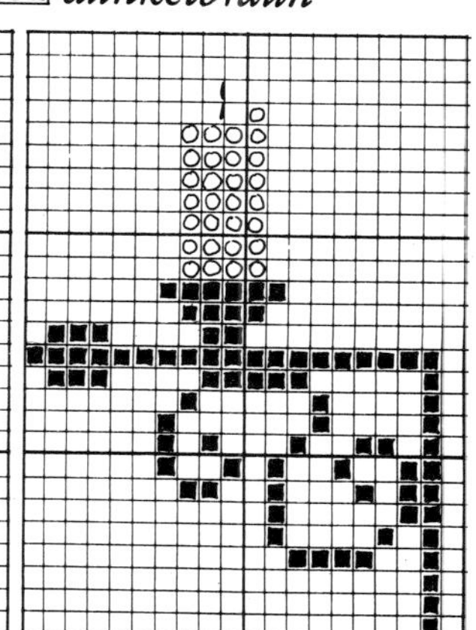

Praktisch & schön

ist dieser Tabletthalter. Verziert mit fleißigen Köchen, hilft er, auf seine Weise für Ordnung in der Küche zu sorgen.

Gestickt wurde diese Handarbeit nach unserem Zählmuster im Kreuzstich mit Sticktwist.

Das blaue Aida-Band, das es auch in anderen Farben im Handel gibt, erleichtert durch seine grobe Struktur das Auszählen.

Sie benötigen etwa 2 Meter und einen Plastikring.

◁ *Permin Design 38-5378*

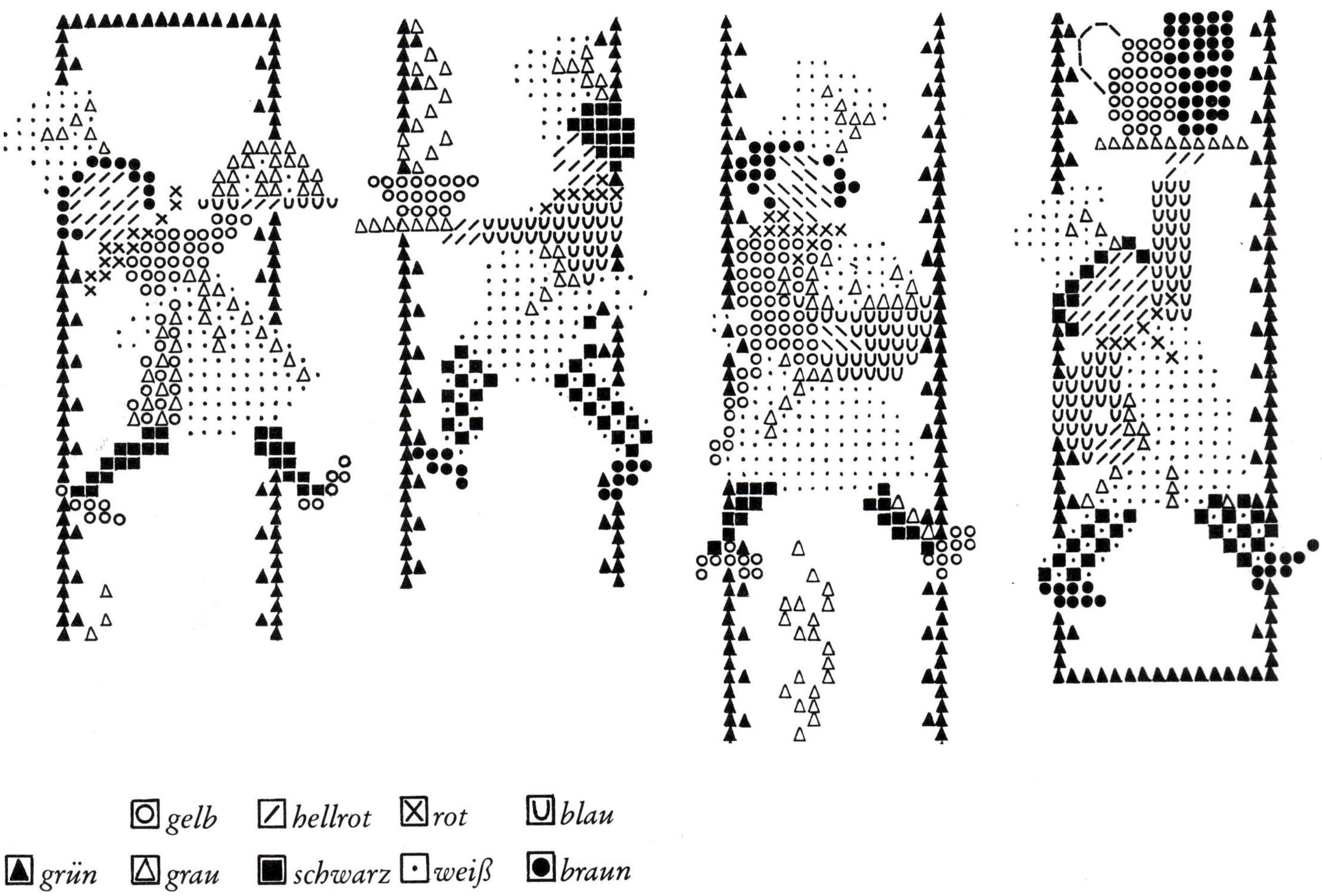

Duftig & frisch

wird Ihre Wäsche im Schrank bleiben, wenn Sie diese bezaubernden Duftbeutel, gefüllt mit Lavendel, zwischen die einzelnen Stücke legen.

Gestickt sind diese Mini-Stickereien im Handumdrehen!

Der Kreuzstich kann je nach Wunsch über zwei oder drei Gewebefäden nach unserem Zählmuster gestickt werden. Als Stickgarn eignet sich am besten Sticktwist, der mit geteiltem Faden verstickt werden sollte.

WEB-TEX-Design 148 ▷

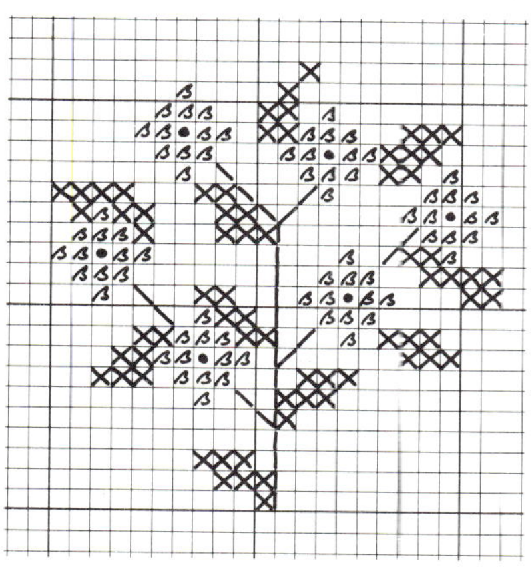

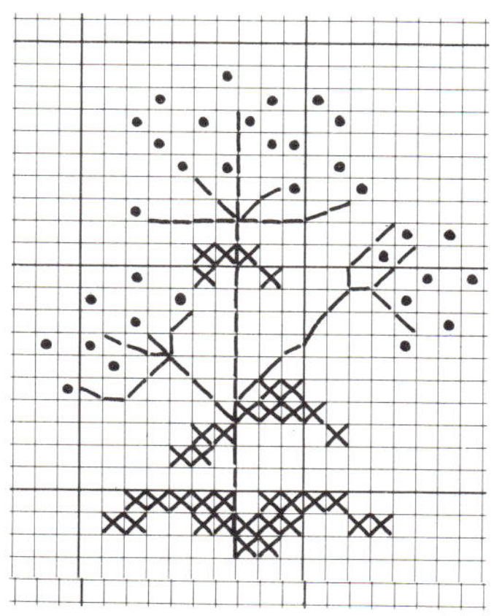

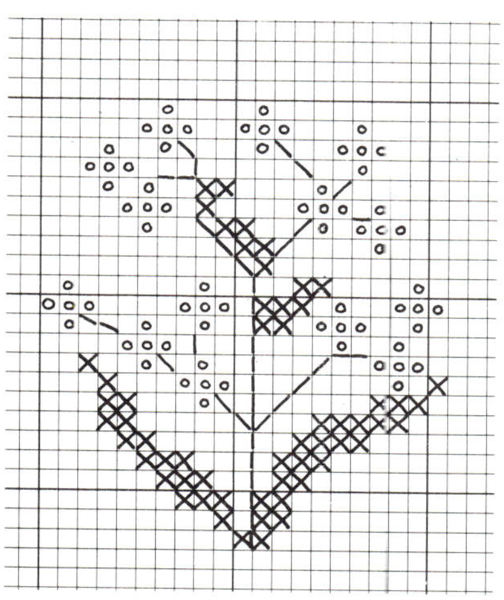

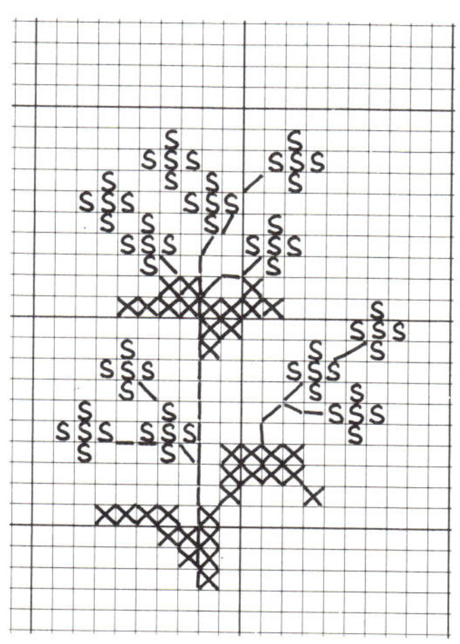

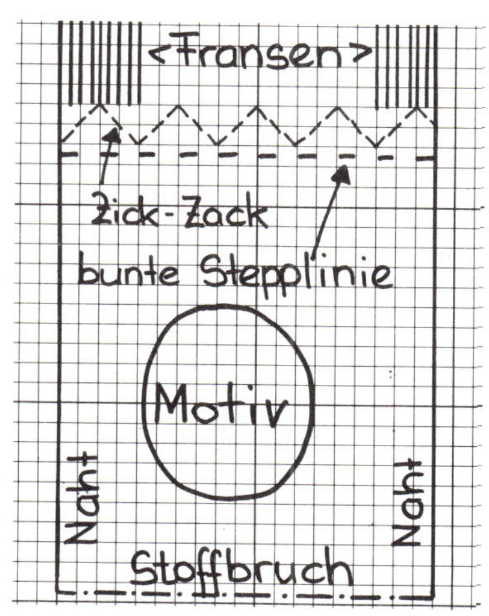

Klein & nützlich

sind diese Nadelkissen. Nicht nur für den Nähkasten sind sie ein unersetzliches Utensil, sie eignen sich auch als individuelles Geschenk! Anstatt Blumen haben Sie so für Ihre nächste Einladung ein beliebtes Mitbringsel.

Aus Stoff-, Garn- und Bortenresten sind die Nadelkissen schnell im Kreuzstich über zwei Fäden gestickt. Gefüllt werden diese Kissen mit Watte oder alten Wollresten.

Der Stoffzuschnitt incl. Rückwand beträgt ca. 12/24 cm, das fertige Kissen hat etwa 10/10 cm plus Borte.

◁ *Rico-Design „Nadelkissen"*

● dkl'rot *□ mtl'rosé* *○ hell rosé* *· elfenbein*

■ dkl'oliv *☒ dkl'grün* *U mtl. grün*

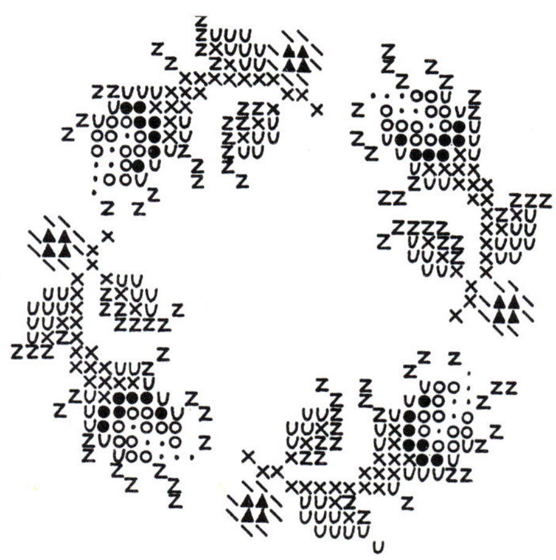

▲ dkl'lila *◹ hell lila* *● dkl'gelb* *○ maisgelb*

· hellgelb *☒ dkl'grün* *U mtl'grün* *Z hellgrün*

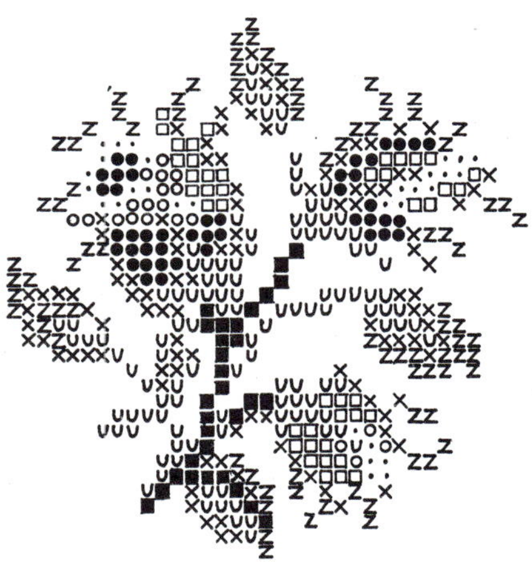

● dkl'rot *□ mtl'rosé* *○ hell rosé* *· elfenbein*

■ dkl'oliv *☒ dkl'grün* *U mtl. grün* *Z hellgrün*

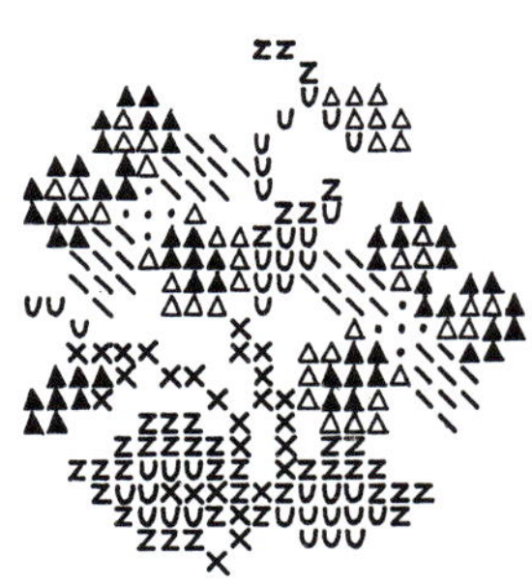

▲ dkl'lila *△* *◹ hell lila*

☒ dkl'grün *U mtl'grün* *Z hellgrün*

Taschen & Tücher

Der nächste Schnupfen kommt bestimmt! Können Sie sich einen schöneren Aufbewahrungsort für Ihre Taschentücher vorstellen als diesen eigens dafür entwickelten Behälter?

Gestickt wird in der Technik, die jeder kann: Kreuzstich. Dieser Stich wird je nach Gewebe über zwei oder drei Fäden gestickt. Als Vorlage für die richtige Größe sollten Sie immer eine Packung Papiertücher dabei haben — so können Sie Ihren Behälter maßschneidern.

WEB-TEX-Design 144 — 147 ▷

Da aus Platzgründen nicht alle Motive als Zählmuster abgebildet werden konnten, haben wir die zwei schönsten für Sie zum Nacharbeiten ausgewählt. Gestickt wurde mit *MEZ*-Sticktwist.

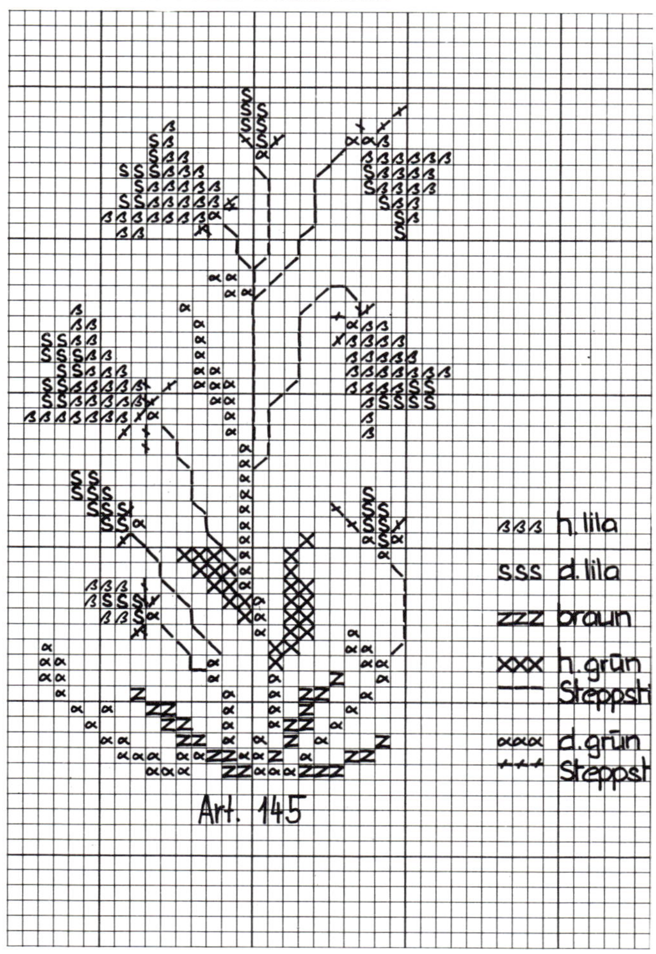

Flauschig & weich

sind diese bestickten Frottier-Gästetücher, die mit einem stolzen Schwan verziert wurden.

Die Stickgarnfarben können auch Ton in Ton der jeweiligen Handtuchfarbe angepaßt werden.

Zum Aussticken der vorgesehenen Felder eignen sich auch die Motive der Nadelkissen von Seite 20.

WEB-TEX-Design 45001

Gestickt wurde mit *MEZ*-Sticktwist über 3 Gewebefäden

◁ Frottiertücher, die es in neun schönen Schattierungen gibt.

Eine schöne Idee, die schnell und leicht zu sticken und daher auch für Anfänger geeignet ist.

Elegant & festlich

ist das bestickte Tafelkleid aus edlem Damast.

Viele Möglichkeiten zum Besticken bieten die zahlreichen Damast-Meterwaren, die es in jedem Handarbeitsgeschäft zu kaufen gibt.

Einige Stickideen finden Sie auf dieser Seite. Sie lassen sich von jedem Anfänger in beliebiger Zahl auf Damaststoffe mit eingewebten Aidafeldern übertragen.

Rico-Damast-Design 37360 ▷

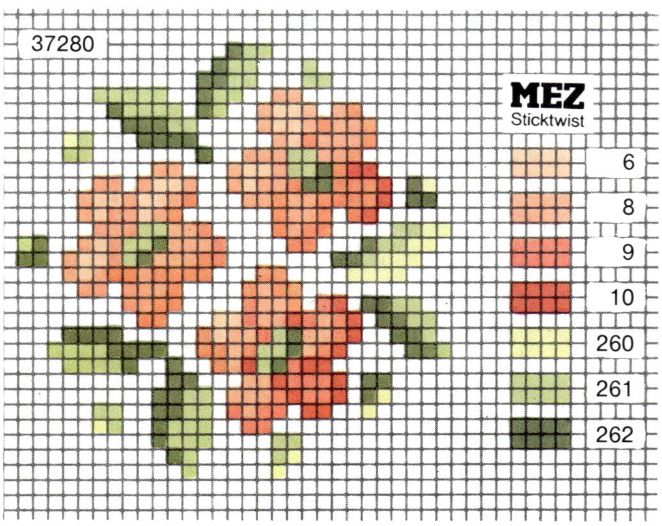

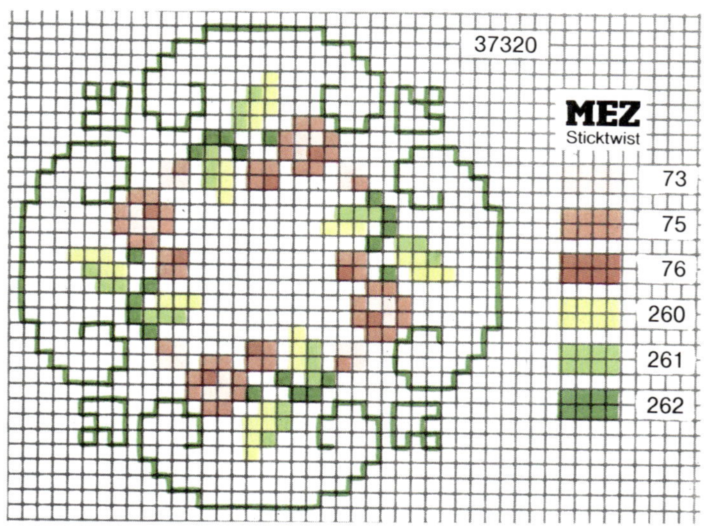

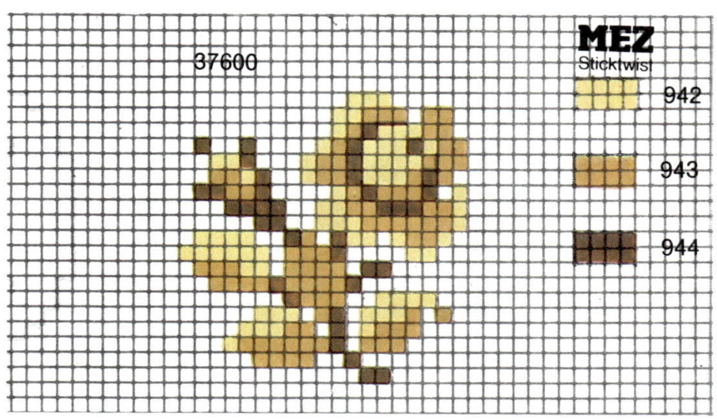

Stickerei & Birnen

Diese Mini-Stickbilder sind in der Original-Bildgröße abgebildet. Die 6x6 cm großen — oder besser gesagt — kleinen Bilder wurden auf einem cremefarbigen Baumwollgewebe (ca. 12 Fäden auf 1 cm) gearbeitet.
Gestickt wurde mit Sticktwist über zwei Gewebefäden im Kreuzstich. Damit sich das Obst auch gut vom Grundgewebe abhebt, wurden die Birnen mit einem zweifädigen Faden im Steppstich umrandet.

Praktische Hinweise und kleine Tips finden Sie auf der nächsten Seite.

WEB-TEX-Design
◁ *105*

WEB-TEX-Design
▽ *106*

WEB-TEX-Design
▽ *107*

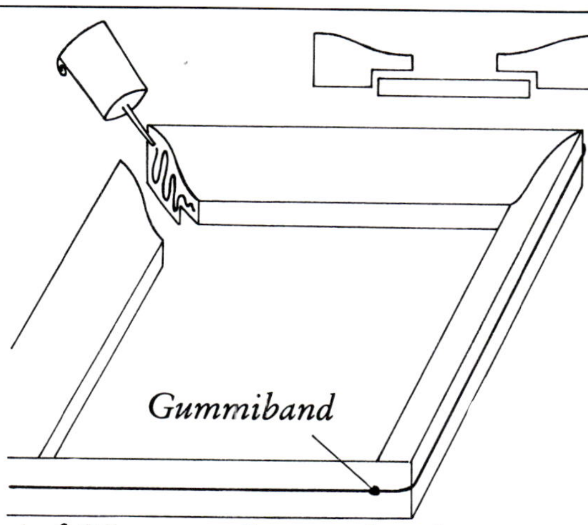

Auf Gärung zusägen und an den Schnittkanten mit Holzleim verkleben. Zusätzlich mit einem Gummiband fest umschließen.

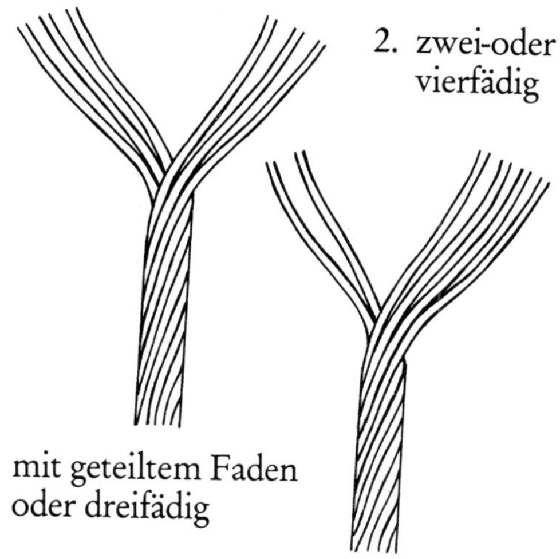

Bilderrahmen 6x6 cm

Kreuzstichanleitung

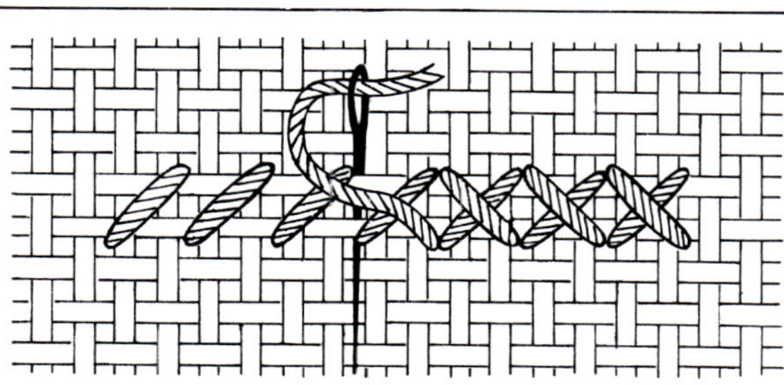

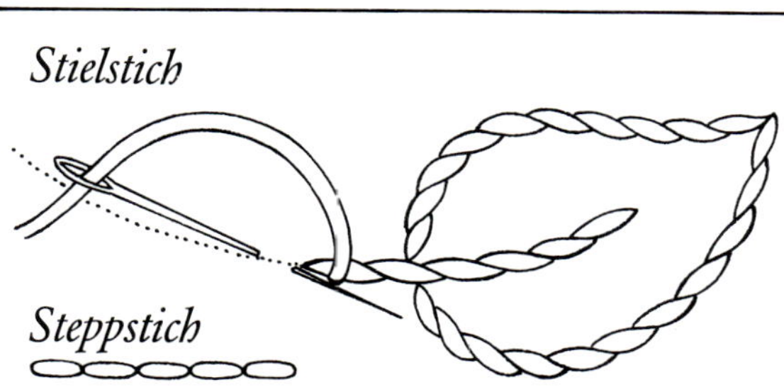

Zuschneiden & kleben

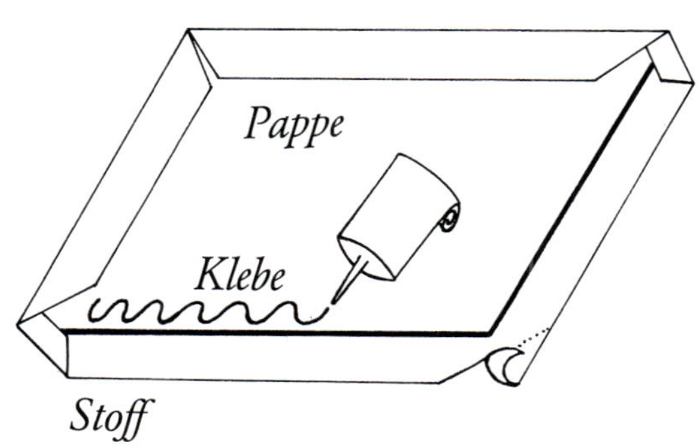

Bezaubernde Stickideen für Kenner

Ob Kissen, Tischläufer oder Decke — sogar eine dekorative Borte läßt sich aus dem unten abgebildeten Zählmuster abwandeln. Bei genauerem Hinsehen werden Sie bemerken, daß mit etwas Phantasie der abgebildete Rapport immer wieder auftaucht.
Gestickt wurde auf einem rustikalen Strukturgewebe in beige und braun. Der *MEZ*-Sticktwist wurde den Stoffarben jeweils im Ton angepaßt. Der Kreuzstich kann mit ganzem Faden über drei bis vier Gewebefäden gestickt werden.

Rico-Design 25140

Das Kochbuch an der Wand

Diese reizvoll gestickten Kochrezepte sind nicht nur schön anzusehen, sondern erfüllen auch gleichzeitig einen nützlichen Zweck, denn alle Zutaten werden von Hand mit einem Textil- oder Wäschestift in schöner Schreibschrift direkt auf den Stoff geschrieben.

Rumtopf

Ein Rezept, das wohl jeder kennt und immer wieder seine Liebhaber findet.
In schillernden Stickfarben wurden hier die Zutaten schmackhaft dargestellt.
Gestickt wurde auf Baumwoll-Rohnessel mit geteiltem *MEZ*-Sticktwist.

◁ *Rico-Design 11041*

Eingelegte Heringe

Ganz so einfach, wie sie zubereitet sind, geht es mit dem Sticken nicht. Aber nur Mut, mit etwas Geduld sollte es Ihnen schon gelingen.
Alle wichtigen Hinweise zur Durchführung dieser Arbeit finden Sie auf den Seiten 2, 6, 29, 30 und 31.

Rico-Design 11043 ▷

Wichtige Ratschläge & Tips

Alle notwendigen Sticktechniken für diese Handarbeit finden Sie in der jeweiligen Stickanleitung, ebenso die Farbangabe sowie deren Verteilung.
Um Ihnen jedoch noch eine zusätzliche Stickhilfe zu geben, sind die Techniken im unteren Teil dieser Seite noch einmal dargestellt. Gestickt wird mit *MEZ*-Sticktwist. Um ein besonders feines Stickbild zu erzielen, empfiehlt es sich, mit geteiltem Faden zu sticken. Die Stoffgröße sollte etwa 30/50 cm betragen. Nach Fertigstellung wird die Rückseite mit etwas Vlieseline verstärkt, die Schnittkanten können mit einem Saum vernäht werden.
Als Aufhänger eignen sich ein Messingstab mit Kette oder ein schmaler Holzstab. Beides ist im Fachhandel erhältlich.

Und so wird's gemacht

Die Konturen der Kochrezeptvorlage werden vorsichtig auf einen Bogen Seidenpapier mit einem Bleistift übertragen. Anschließend können Sie das Muster mit Hilfe von Durchpauspapier auf Ihren Stoff pausen. Um beim Durchpausen ein Verrutschen des Bogens zu vermeiden, sollte das Papier mit einem Gewicht beschwert oder mit Stecknadeln befestigt werden.
Den Text des Kochrezeptes entnehmen Sie bitte den großen Farbabbildungen auf Seite 2 und 6.
Um Ihrem Kochrezept eine persönliche Note zu verleihen, sollte es von Ihnen handschriftlich mit einem feinen Textil-, Wäsche- oder Filzstift eingetragen werden. Ebenso können einige Flächen oder Schattierungen mit einer Textilfarbe vorgemalt werden. Sie ersparen sich so einige Stickstunden.

Nadelmalerei

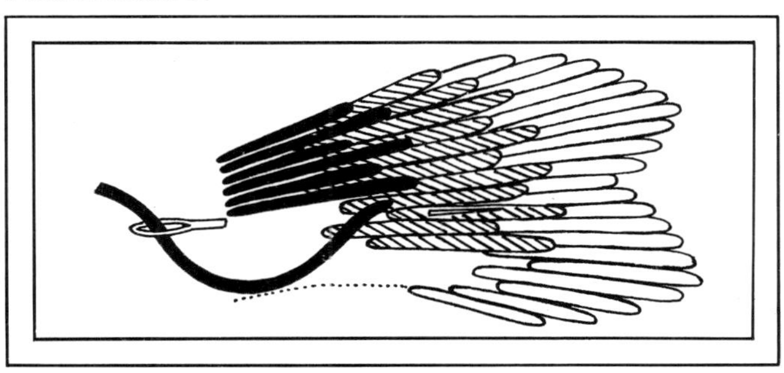

Plattstich

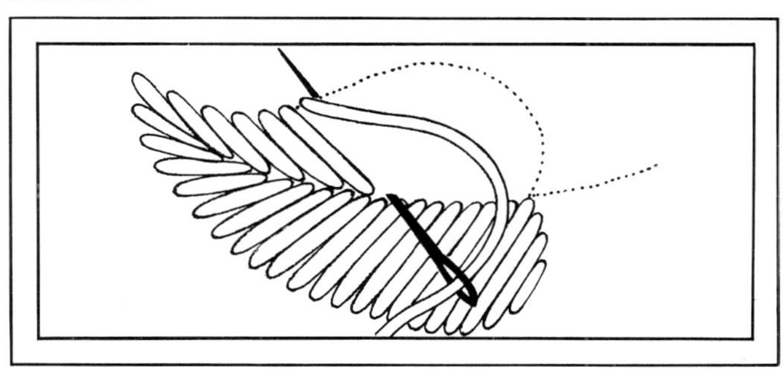

Stielstich

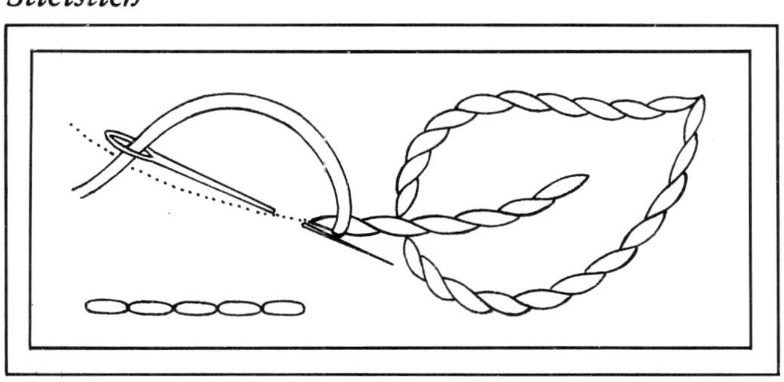

Knötchenstich

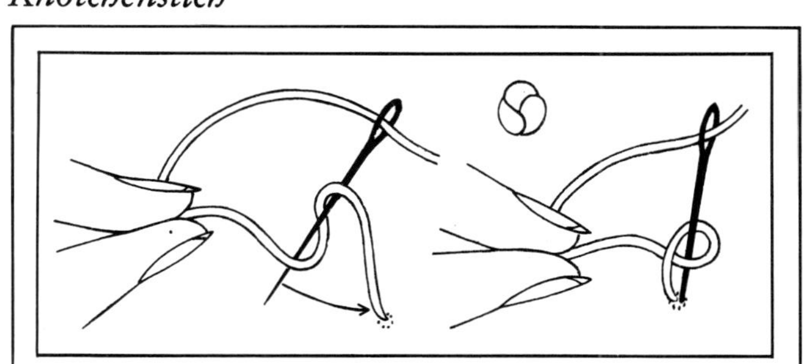

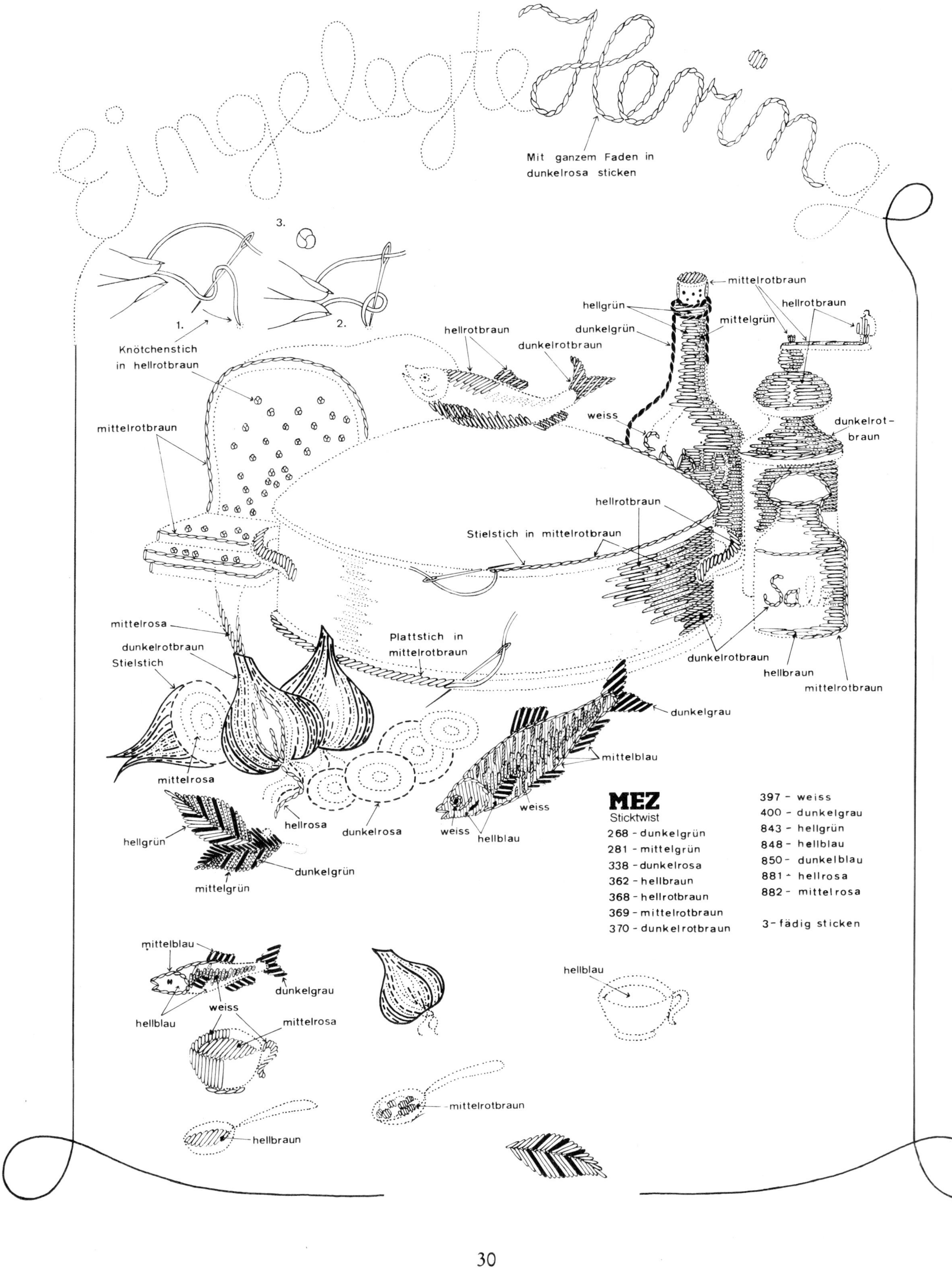

MEZ
Sticktwist

268 - dunkelgrün
281 - mittelgrün
338 - dunkelrosa
362 - hellbraun
368 - hellrotbraun
369 - mittelrotbraun
370 - dunkelrotbraun
397 - weiss
400 - dunkelgrau
843 - hellgrün
848 - hellblau
850 - dunkelblau
881 - hellrosa
882 - mittelrosa

3-fädig sticken

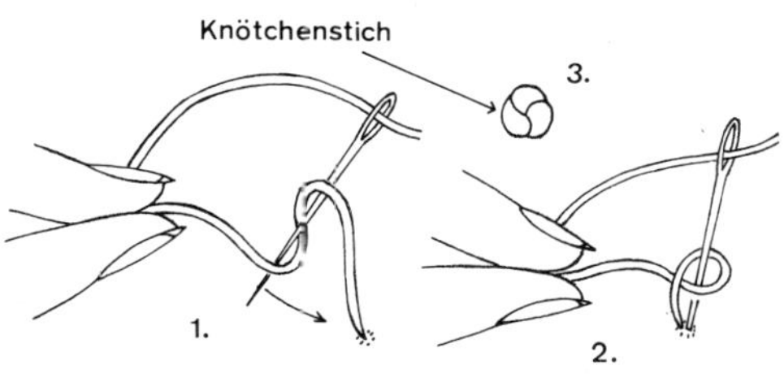

MEZ
Sticktwist

10 - hellrosa
11 - dunkelrosa
46 - hellröt
47 - dunkelrot
112 - lila
254 - hellgrün
262 - dunkelgrün
266 - mittelgrün
302 - gelb
304 - orange
358 - dunkelbraun
362 - hellbraun
363 - graubeige
365 - mittelbraun
890 - blassbraun
891 - gelbbraun
939 - hellblau
940 - dunkelblau

3-fädig sticken

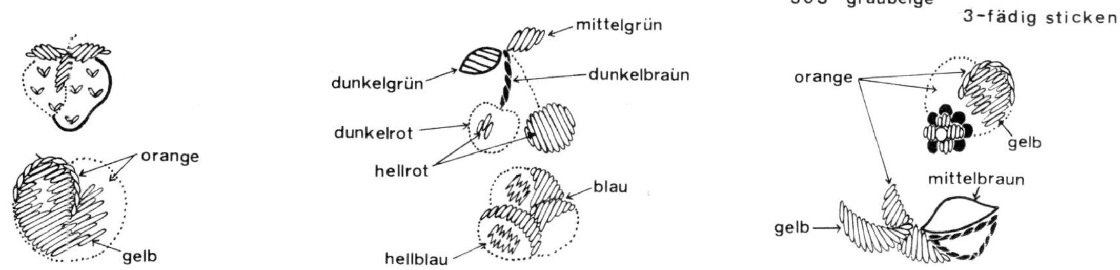

Veilchen, die nicht welken

Mit dieser Nadelmalerei können Sie einen kostbaren Wandschmuck herstellen.

Und so wird's gemacht: Transparentes Zeichenpapier auf die Abbildung legen und mit einem Bleistift durchzeichnen. Mit weißem Pauspapier auf den dunklen Stoff übertragen. Die Abb. dient gleichzeitig als Stickprobe und zeigt die Farbverteilung. Sie benötigen für beide Bilder etwa 30/50 cm Stoff, pro Bild 25/30 cm. Da es sich bei diesen Bildern um handelsübliche Größen handelt (18/24 cm als Fertigmaß), bekommen Sie auch leicht einen Rahmen.

MEZ
Sticktwist

402 – weiß
301 – gelb
73 – rosé
96 – hellrosé
109 – mittellila
111 – dunkellila
256 – hellgrün
932 – dunkelgrün

Mit geteiltem Faden sticken

Größe: 18/24 cm
Rico-Design: 11011

Rosen, die nicht stechen

Um ein besonders feines Stickbild zu erzielen, sollte der MEZ-Sticktwist mit geteiltem Faden verstickt werden. Als Stickgrund eignen sich auch andere Stoffarben, wie z. B. dunkelgrau, braun oder auch hellere beige Töne.

Ist Ihre Stickerei fertiggestellt, sollte sie von der Rückseite mit einem feuchten Tuch gebügelt werden. Bevor die Stickerei dann auf eine Pappe geklebt wird, empfiehlt es sich, diese mit dünnem Schaumstoff zu unterlegen.

MEZ
Sticktwist

11 — rot
301 — gelb
402 — weiß
6 — hellrosé
9 — mittelrosé
259 — hellgrün
261 — mittelgrün
262 — dunkelgrün

Mit geteiltem Faden Sticken

Größe: 18/24 cm
Rico-Design: 11014

Farbenfrohe Folklore
Eine schöne Handarbeit für die rustikale Bauernecke

Dieses fröhliche Volkskunstmuster wurde in lebhaften Stickfarben auf rustikalem Strukturgewebe mit *MEZ*-Perlgarn Nr. 3 im Kreuzstich über drei Gewebefäden gestickt.
Wer möchte, kann mit dem vorgegebenen Muster und etwas Phantasie auch Überhandtücher, Tischläufer oder Wandbehänge sticken.

Rico-Design 68250

MEZ Perlg. Nr. 3

- U rot
- / gelb
- ▲ blau
- O dkl'braun
- ■ schwarz
- X lindgrün
- I lila
- • hellbeige
- △ grün
- Z weiß

Eine Apfelernte im Hochsommer

regte zu diesem heiteren Stickthema an. Mit wenig Aufwand kann das auf der nächsten Seite abgebildete Muster in der Originalgröße in vielfältiger Weise auf Kissen, Schürzen oder Decken übertragen werden. Je nach Größe müssen die Linien der angedeuteten Landschaft verlängert oder erweitert werden. Gestickt wird mit dreifädigem *MEZ*-Sticktwist im Stiel-, Platt-, Schlingen- und Knötchenstich. Als Grundmaterial eignet sich am besten ein leichter Baumwoll-Linon, den es in jedem guten Handarbeitsgeschäft zu kaufen gibt.

Rico-Design 26 590

MEZ
Sticktwist

46 – rot
75 – rosa
109 – lila
129 – hellblau
255 – hellgrün
257 – dunkelgrün
302 – gelb
370 – braun
881 – hellrosa

Gesicht und Arme mit einem einzelnen Faden sticken.

Knötchenstich in hellblau

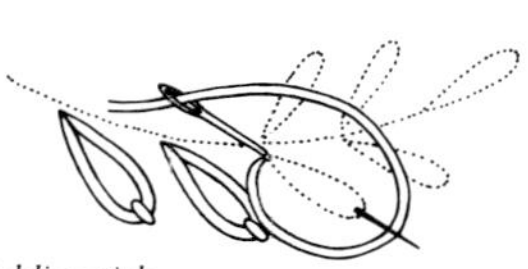

Schlingstich:

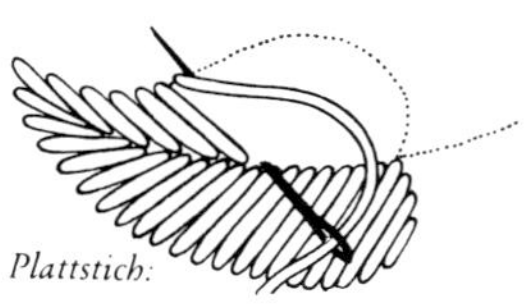

Plattstich:

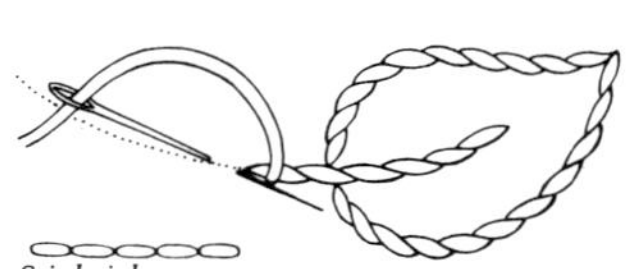

Stielstich:

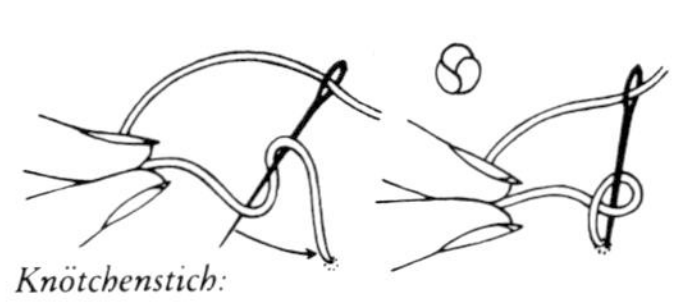

Knötchenstich:

Für's Kinderzimmer gestickt

So lernt man die Uhr bestimmt kinderleicht!
Jede der zu stickenden Ziffer wurde mit entsprechend vielen kindlichen Motiven zum Nachzählen verziert.
Gestickt wurde überwiegend im Plattstich auf Baumwoll- Rohnessel mit MEZ-Sticktwist und geteiltem Stickfaden.

Als Rahmen eignen sich auch alte Bilderrahmen, die, farbenfroh angestrichen, recht lustig aussehen können. Uhrwerk und Zeiger mit Anleitung für die Selbstmontage bekommt man beim Heimwerker.
Die Stoffgröße sollte etwa 50 x 50 cm sein, der Radius für die Motive etwa 15 cm.

Ziffernblatt-Motive

Kissen für die Gartenbank

Ein farbenfroher Feldblumenstrauß gab die Idee für diese Sommerkissen. Kornblumen, Mohn und Margeriten wurden auf weißem Baumwoll-Linon im Platt-, Stiel-, Schlingen- und Knötchenstich gestickt. Alle drei Muster können von Ihnen nachgearbeitet werden. Sie benötigen hierfür einen Stoffzuschnitt von 40/80 cm incl. Rückwand pro Kissen, einen weißen Reißverschluß von ca. 25 cm Länge und *MEZ*- Sticktwist.

Die Stickfarben finden Sie jeweils bei der entsprechenden Vorzeichnung.

Da die Kissen nicht in der Original-Größe abgebildet werden konnten, müssen die Zeichnungen in der bewährten Weise vergrößert werden.

(Siehe Anleitung auf Seite 41)

Rico-Design 25780 *Rico-Design 25800* *Rico-Design 25790*

Vergrößern & Verkleinern

Mit Hilfe der Kästcheneinteilung können Sie jedes Muster beliebig vergrößern oder verkleinern. Die Vorlage wird in gleichgroße Quadrate geteilt. Ein zweites Blatt mit entsprechend größeren oder kleineren Quadraten ebenfalls. Dann überträgt man Strich für Strich von einem auf das andere Blatt.

MEZ	*130 — hellblau*	*132 — dunkelblau*	*261 — hellgrün*	*263 — dunkelgrün*	*305 — hellgelb*	*307 — dunkelgelb*
Sticktwist	*131 — mittelblau*	*164 — grünblau*	*262 — mittelgrün*	*258 — grasgrün*	*306 — mittelgelb*	

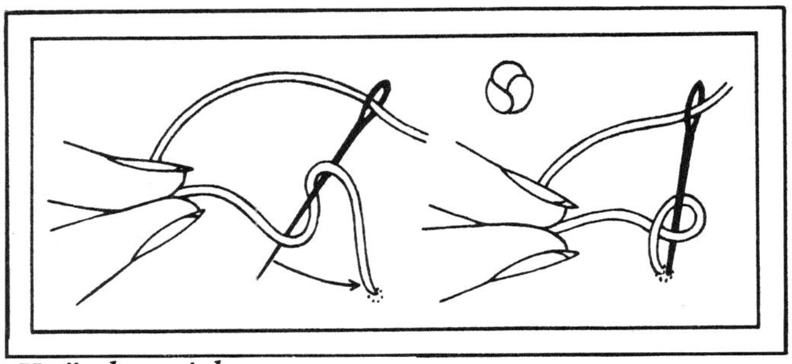

Knötchenstich:
Den Stickfaden mit der Nadel von unten nach oben durch den Stoff stechen und nicht zu locker zweimal von vorn nach hinten um die Nadel schlingen. Den Arbeitsfaden dann festhalten und dicht neben der Ausstichstelle wieder einstechen. Den Faden noch festhalten. Nun wird der Faden durch- und das Knötchen damit zusammengezogen.

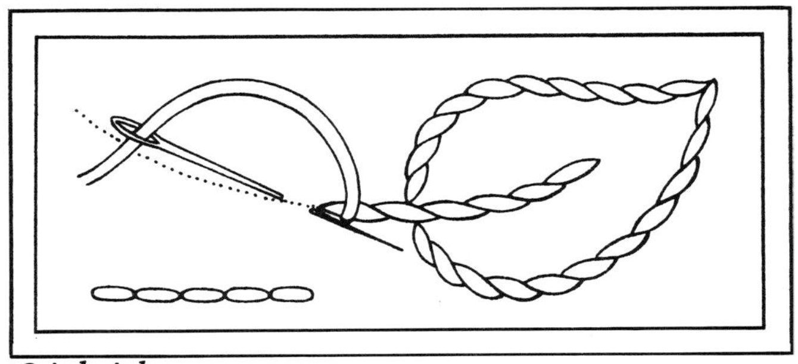

Stielstich:
Dieser Stich eignet sich für Stiele, Arabesken, Konturen und Umrandungen. Die Nadel sticht von unten nach oben auf der vorgezeichneten Linie aus, nach etwa 6 mm wieder einstechen. Auf der Hälfte zwischen Ein- und Ausstich kommt sie wieder zum Vorschein. Den Faden links von der Nadel halten, durchziehen. An der vorherigen Einstichstelle beginnt der neue Stich.

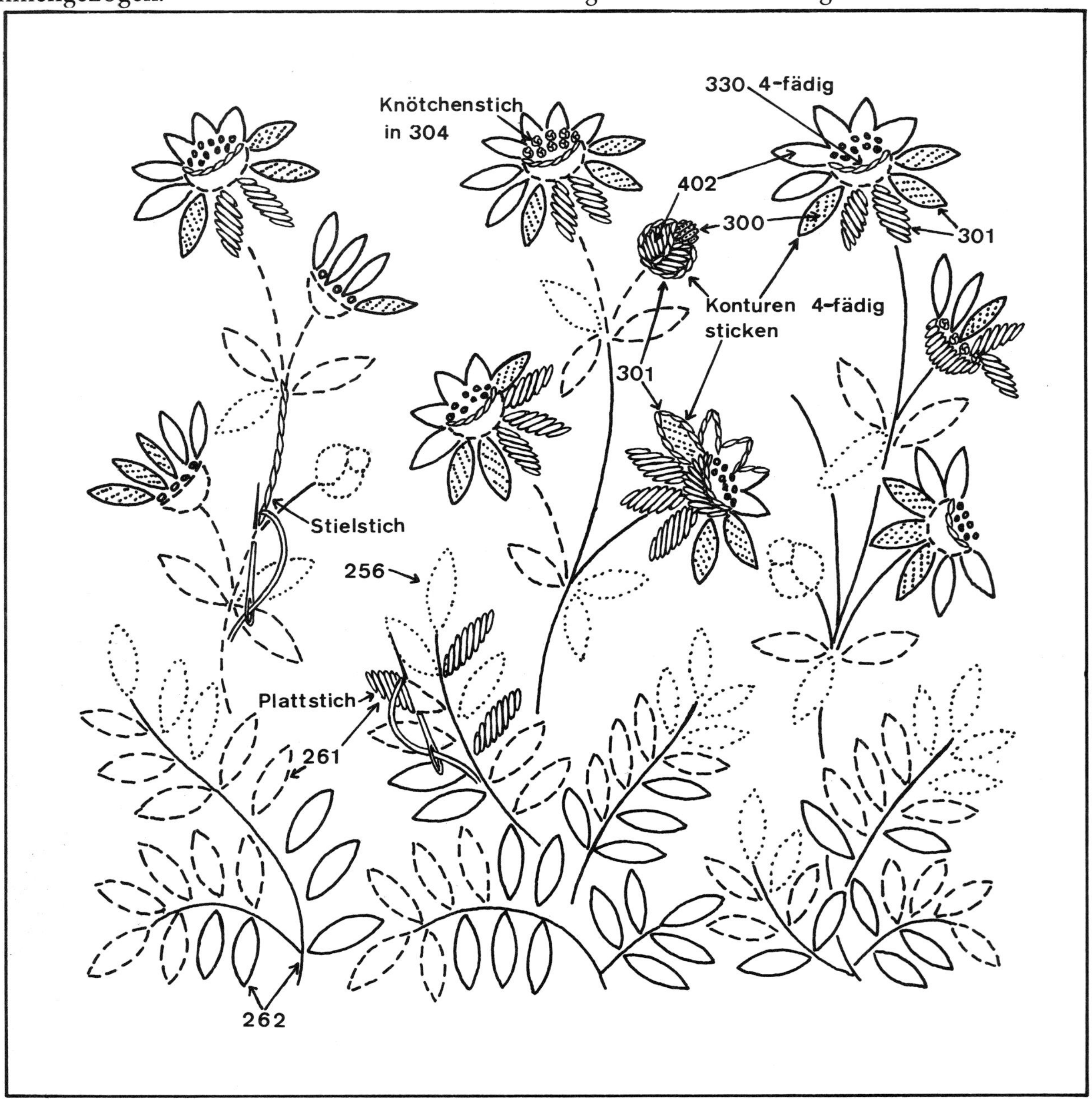

MEZ	*256 — maigrün*	*262 — dunkelgrün*	*301 — mittelgelb*	*330 — orange*	*Rico-Design 25800*
Sticktwist	*261 — mittelgrün*	*300 — hellgelb*	*304 — dunkelgelb*	*402 — weiß*	*Größe 40/40 cm*

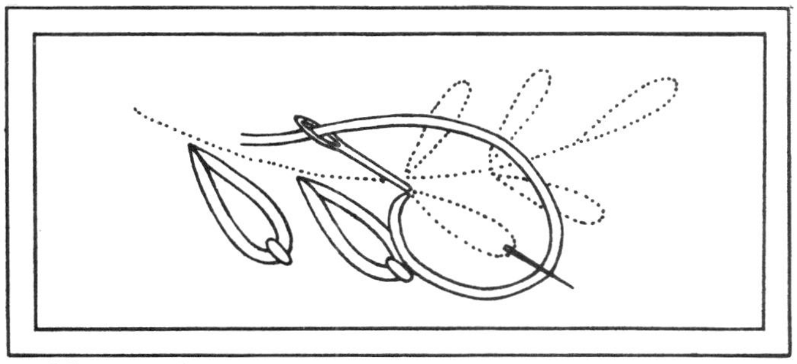

Schlingstich:
Er ist einfach und schnell zu sticken und findet seine Anwendung bei Blüten, Blättern und Gräsern. Das Ausstichloch ist gleichzeitig wieder Einstichloch. Es entsteht eine Schlinge, die mit einem kurzen Stich festgehalten wird.

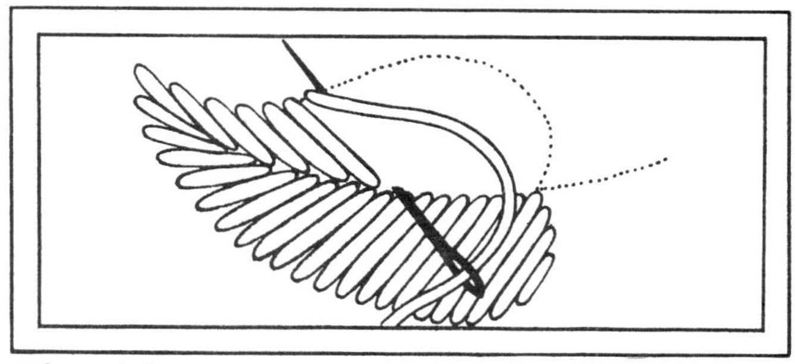

Plattstich:
Dem Muster entsprechend werden beim Plattstich so viele Stiche exakt aneinandergestickt, bis die vorgezeichnete Fläche ausgefüllt ist. Es ist darauf zu achten, daß die Vorzeichnung grundsätzlich überstickt wird.

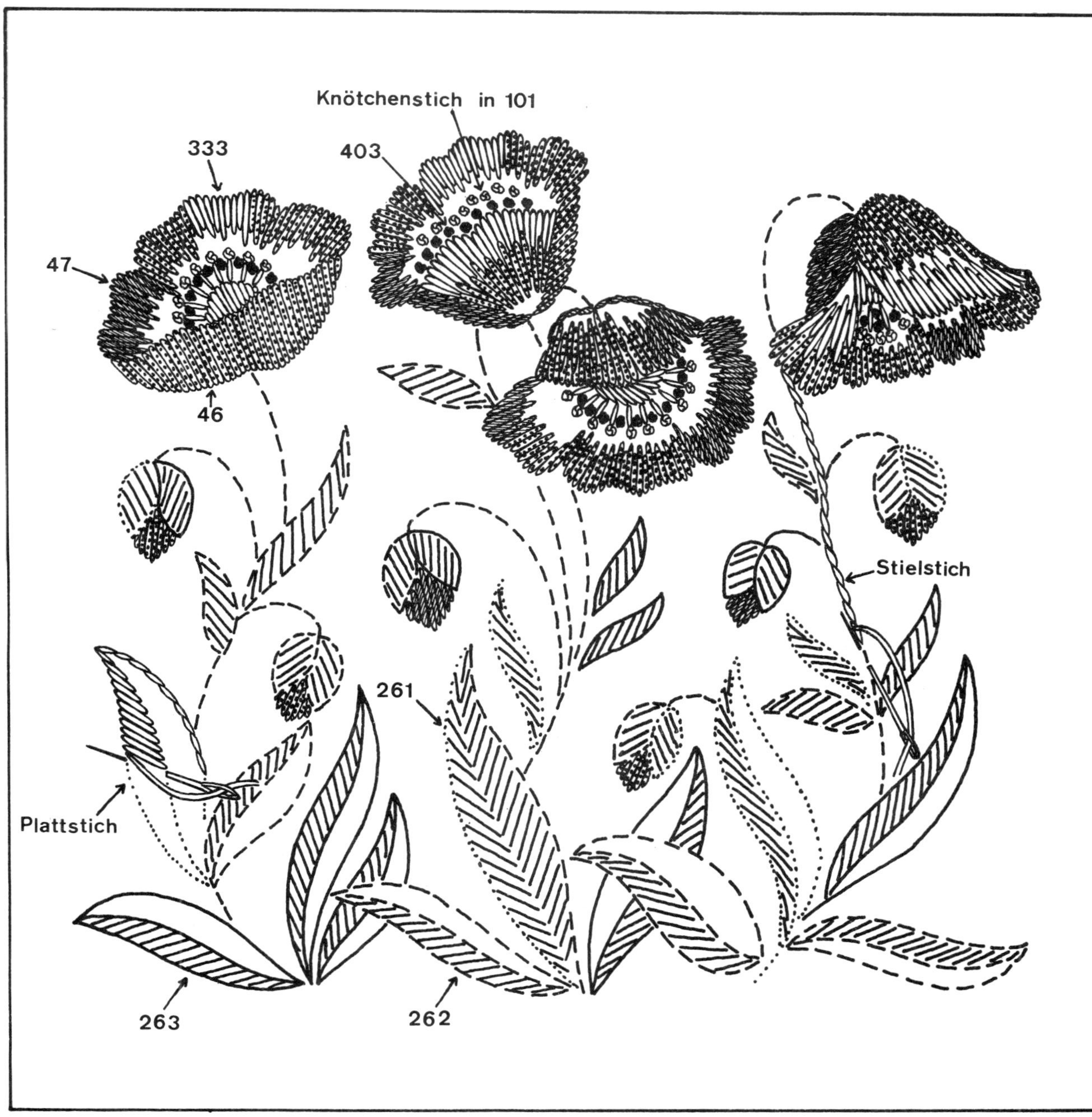

MEZ	*46 — hellrot*	*101 — lila*	*262 — mittelgrün*	*333 — orange*	*Rico-Design 25790*
Sticktwist	*47 — dunkelrot*	*261 — hellgrün*	*263 — dunkelgrün*	*403 — schwarz*	*Größe 40/40 cm*

Gestickte Geschenke praktisch & schön

Ob zur Haus- oder Wohnungseinweihung, diese gestickten Türschilder sind immer ein originelles Mitbringsel. Einige der hier abgebildeten Türschilder finden Sie auf den nächsten Seiten zum Nacharbeiten. Den Messingrahmen gibt es in vielen unterschiedlichen Formen und Größen im Geschenkladen. Da sich alle Stickvorschläge auch in andere Formate bringen lassen, dienen sie nur als Anregung. Als Stickmaterial bieten sich alle möglichen Stoff- und Garnreste an. Es sollte jedoch mit geteiltem *MEZ*-Sticktwist gestickt werden.
Drei Motive sind in der Originalgröße abgebildet und können so abgezeichnet werden.

Rico-Design „Kramer's"
MEZ-Sticktwist

Stoffzuschnitt	*Größe:*	*15 × 15 cm*
Bilderrahmen	*Größe:*	*8 × 8 cm*
Pappzuschnitt	*Größe:*	*8 × 8 cm*
Filzrückwand	*Größe:*	*8 × 8 cm*

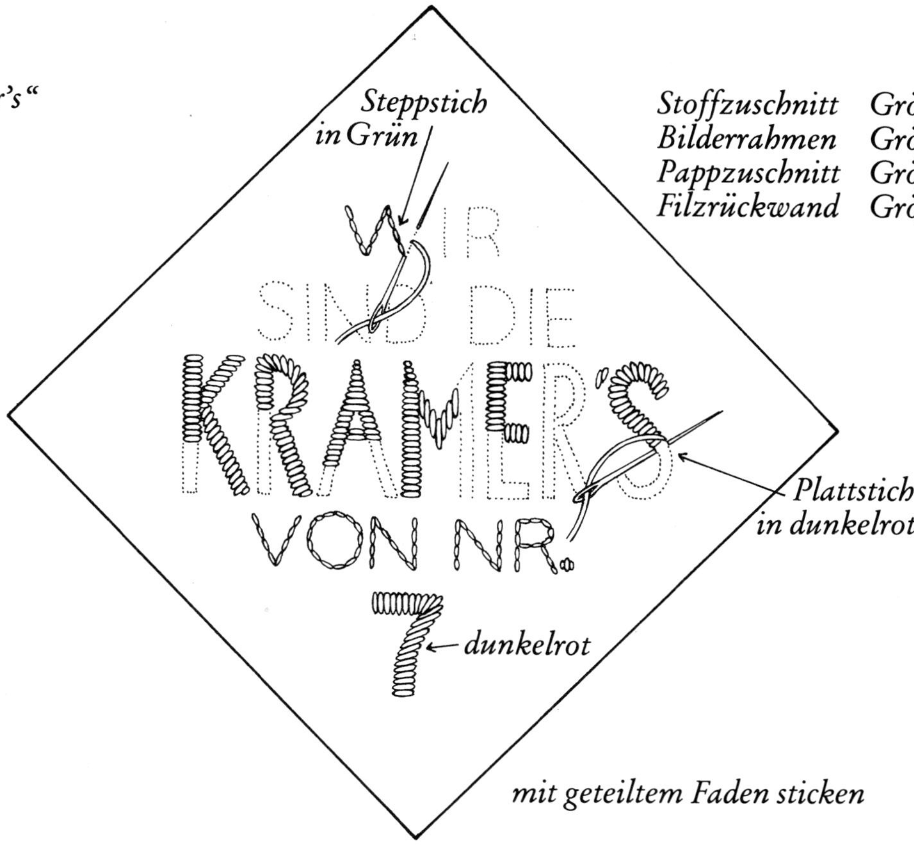

mit geteiltem Faden sticken

Montageanleitung:

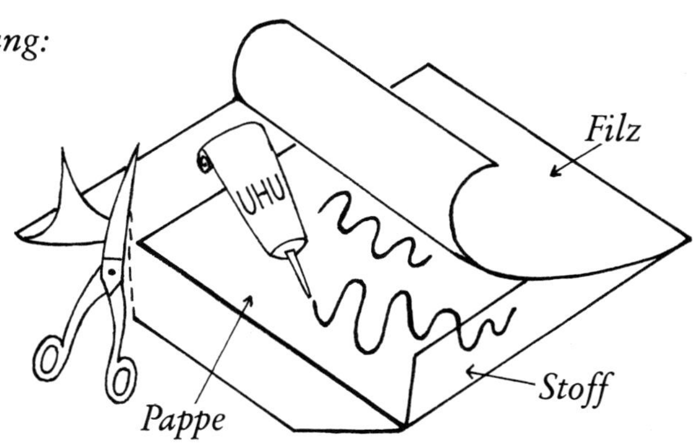

Vor dem Plattstich wird die Taube mit einem Spannstich entgegengesetzt unterlegt.

2-fädig sticken

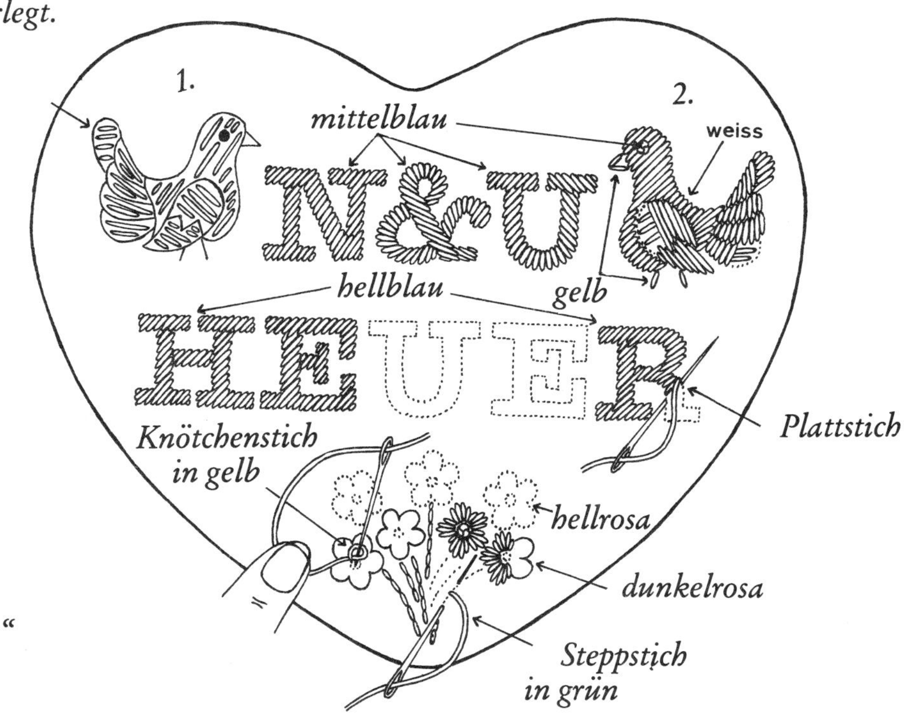

Rico-Design „Heuer"
MEZ-Sticktwist

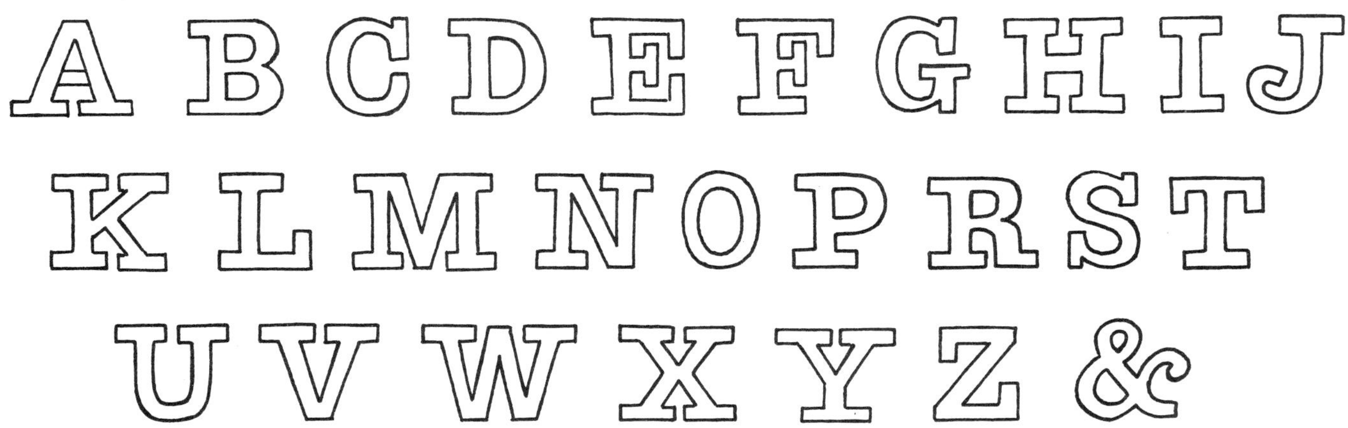

Montageanleitung:

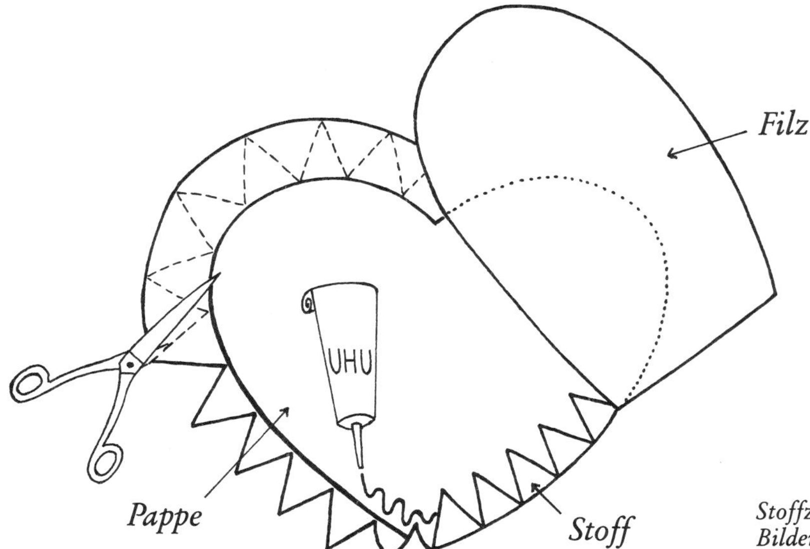

Stoffzuschnitt	*Größe:*	*17×17 cm*
Bilderrahmen	*Größe:*	*9×10 cm*
Pappscheibe	*Größe:*	*9×10 cm*
Filzrückwand	*Größe:*	*9×10 cm*

Rico-Design „Jansen“
MEZ-Sticktwist

2-fädig sticken

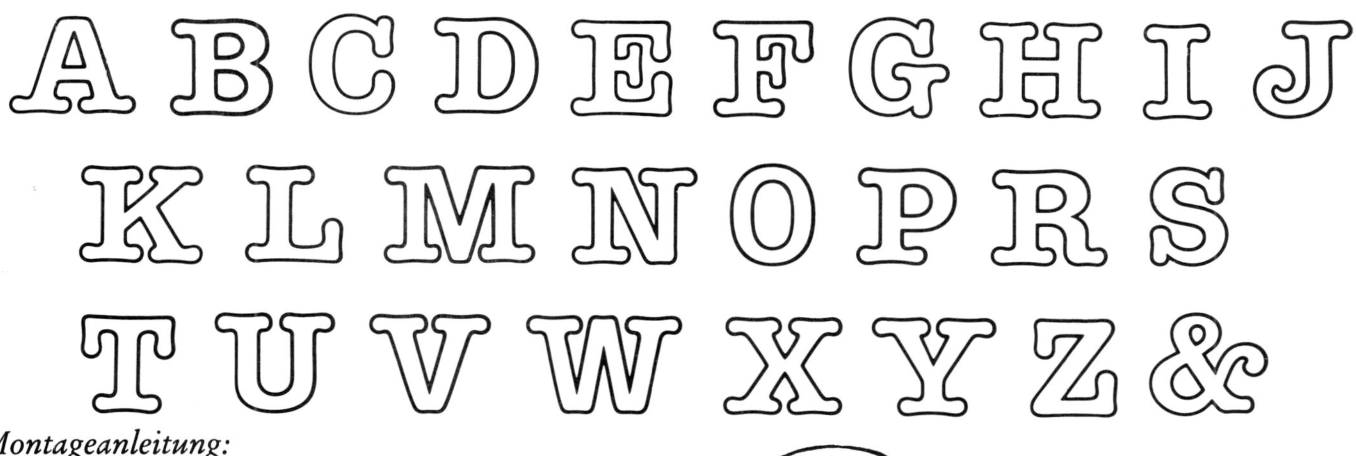

Montageanleitung:

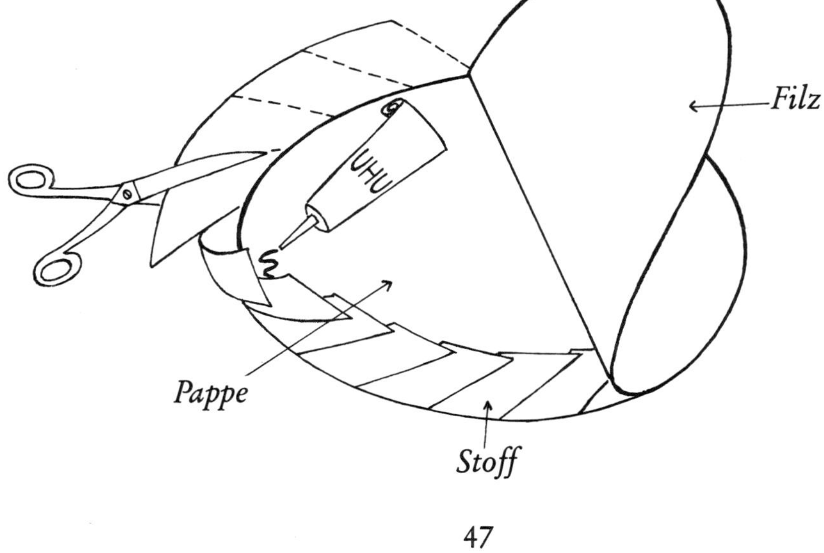

Stoffzuschnitt	*Größe: 20 × 25 cm*
Bilderrahmen	*Größe: 13 × 17 cm*
Pappscheibe	*Größe: 13 × 17 cm*
Filzrückwand	*Größe: 13 × 17 cm*

Eine Notenmappe - kunstvoll gestickt

Ein hübsches Geschenk, das gleichzeitig einen nützlichen Zweck erfüllt: nicht nur als Notenhalter, auch als Schreibmappe leistet es praktische Dienste!
Die Noten der „Unvollendeten“ von Franz Schubert wurden hier in gekonnter Weise mit zweifädigem MEZ-Sticktwist in schwarz auf Halbleinen (11 Fäden auf 1 cm) im Steppstich gestickt.
Zum Nacharbeiten dieser Mappe benötigt man außerdem noch: 2 Pappzuschnitte 27/36 cm und 1,5 mm stark, Leinenstoff incl. Zugabe für den Saum 45/65 cm, Futterstoff in gleicher Größe. Bevor alle Teile zusammengenäht werden, empfiehlt es sich, die beiden Pappdeckel von beiden Seiten mit Isolierband an der Stoßkante zusammenzukleben.

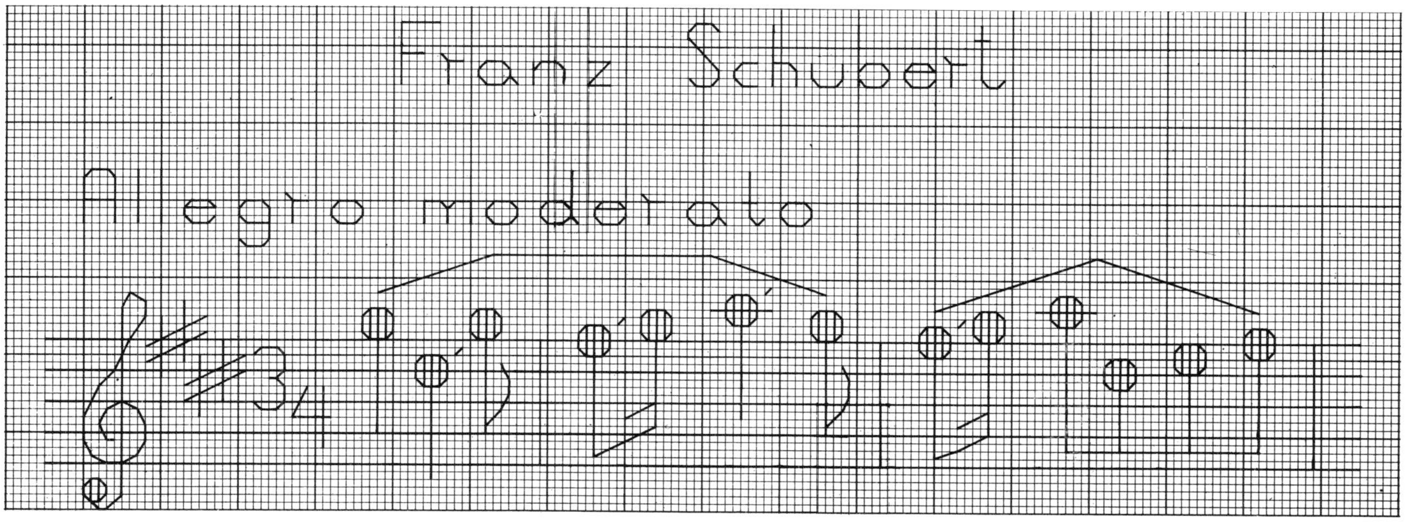
Franz Schubert
Allegro moderato
3
4

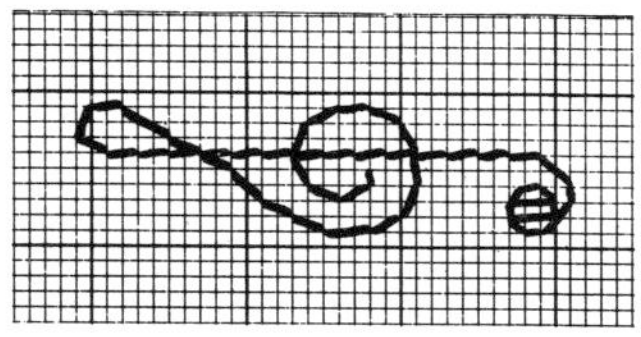

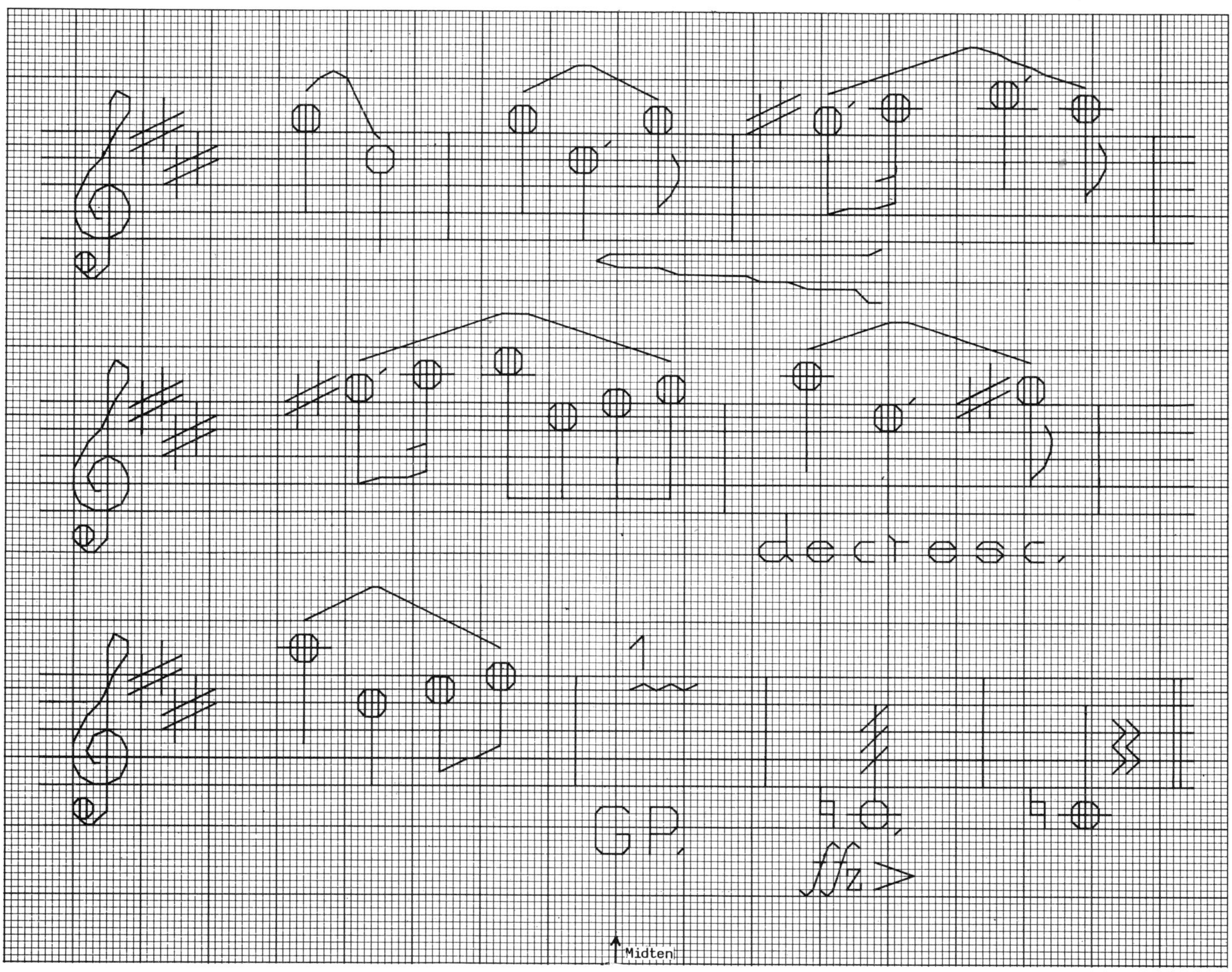
decresc.
1
G.P.
ffz
Midten

Permin-Design

Gestickte Radieschen

sind hier auf Schürze, Kaffeewärmer, Sets und Deckchen verteilt. Mit etwas Phantasie läßt sich der kleine Radieschenrapport auf das vorgewebte Aida-Karo (6 x 6 cm) übertragen.
Die Meterware gibt es im Fachhandel zu kaufen und eignet sich besonders gut zum Sticken von Zählarbeiten.
Gestickt wird mit MEZ-Sticktwist und geteiltem Faden.

MEZ-Sticktwist ○ beige ☒ hellgrün ■ dunkelgrün ▽ hellrot ▼ dunkelrot

Rico-Design 37830

Schmetterlinge in bunten Farben

Bunt durcheinander flattern sie über unsere Decke und Schürze.
Eine hervorragende Idee, um all die Stickgarnreste aus dem Nähkästchen zu verarbeiten! Schnell sind die Schmetterlinge auf Transparentpapier übertragen und auf die Decke mit Kohlepapier gepaust.
Als Stickgrund eignet sich besonders gut weiße Baumwolle, denn so kommen die bunten Stickgarnfarben am besten zur Geltung.

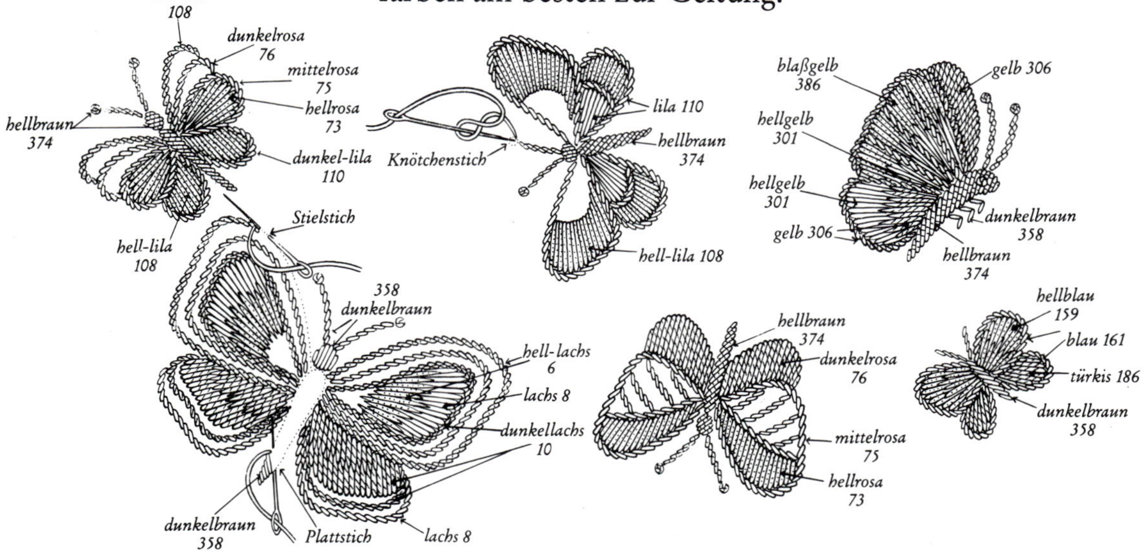

Pusteblumen & Gräser

zieren diese Kissen. Gestickt wird auf reinem Wollstoff mit geteiltem MEZ-Kelim-Faden über zwei Gewebefäden. Die Kissen sind 40/40 cm groß und können in einer Garnfarbe nach unserem Zählmuster leicht nachgestickt werden.

Stickanleitung

Bitte beachten Sie beim Sticken, daß jedes Kästchen ein Kreuz über zwei Gewebefäden bedeutet.
Beginnen Sie bei Zählarbeiten stets von der Mitte!
Das Kissen kann zum Schluß mit einer doppelten Kreuzstichreihe umrandet werden.

Højskolernes-Design *Nr. HH 18073*

Permin Design „Rosenkalender"

Stilvolle Rosenbouqets

wurden hier nach einem wunderschönen Rosenkalender gestickt. Zwei der hier gezeigten Motive wurden zum Nacharbeiten ausgesucht. Damit die Farbenpracht der einzelnen Blumen besser zur Geltung kommt, sind diese beiden Motive sowohl als Zählmuster als auch farbig abgebildet.

Gestickt wird auf einen Halbleinen (11 Fäden auf 1 cm) mit MEZ-Anchor-Garn über zwei Gewebefäden.

Die Bildgröße auf unserer Abbildung beträgt 21/24 cm. Der Stoffzuschnitt sollte etwa bei 30/40 cm liegen, so verbleibt noch genügend Stoff zum Einspannen in einen runden Stickrahmen und zum Bespannen der Rückwand. Als Bilderrahmen wurde hier eine mahagonifarbene Rundstab-Leiste von 1,5 cm Stärke verwendet.

Eine Blumenpracht für's ganze Jahr

Nicht nur als Bild eignet sich dieses Blumenmotiv, es ist auch — auf Wolle gestickt — eine hervorragende Vorlage für Kissen und Tischläufer! Es sollte dann zusätzlich mit einer ein- oder zweifarbigen Kreuzstichbordüre umrandet werden.

Ein Beispiel zeigen wir auf Seite 52

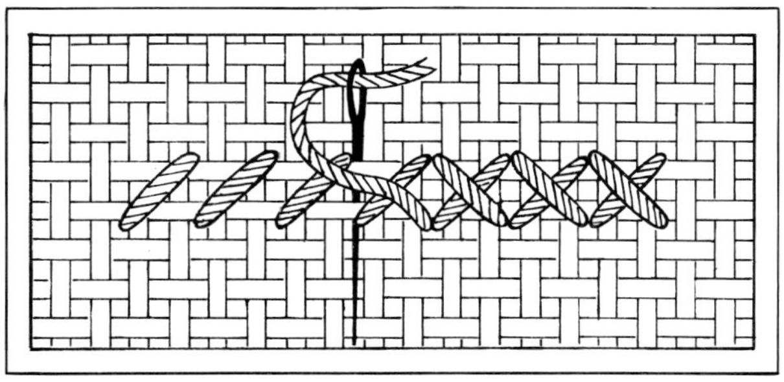

Kreuzstich – Zählmuster:
Dies ist die sauberste Art, um einen Kreuzstich zu sticken. Die Technik gleicht der des vorgezeichneten Kreuzstiches. Sie können hier aber entscheiden, ob Sie über zwei, drei oder mehr Gewebefäden sticken wollen. Ausschlaggebend dafür sind Stoff oder Größe des Musters. Bei handelsüblichen Materialpackungen wird auf den Zählmusterbögen angegeben, über wieviele Fäden gestickt werden soll.

MEZ-Anchor	||| 871	▲ 149	Y 843	X 256	// 215	∟ 306	• 926	
|| 52	⊣ 43	◢ 101	— 391	⋱ 845	⊙ 258	↑ 216	⊥ 48	★ 72
O 41	·|· 900	∠ 977	K 393	◑ 846	▮ 246	● 218	F 830	
Z 42	C 870	⁄ 979	▼ 400	7 265	⊢ 214	⋱ 297	+ 144	

Wichtige Hinweise zum guten Gelingen

Damit Sie an Ihrer Handarbeit viel Freude haben, empfiehlt es sich, folgende Punkte zu beachten: Bei allen Zählarbeiten sollte stets von der Mitte aus begonnen werden; man muß also zuerst die Mitte auf dem Stoff und dann auf dem Zählmuster ermitteln und markieren. An diesem Markierungspunkt beginnen Sie dann mit Ihrem ersten Stich und arbeiten so von innen nach außen. Wenn Sie diese Hinweise berücksichtigen, wird Ihre Stickerei immer genau plaziert und an der richtigen Stelle erscheinen.

Wichtige Hinweise zum guten Gelingen

Bevor Sie mit dem Sticken beginnen, sollten die Stickgarne mit dem für die Farbe entsprechenden Symbol gekennzeichnet werden. Sie erleichtern sich so die Farbsuche beim Sticken.

MEZ-Anchor	⊢ 214	◑ 846	⋝ 342	△ 907	⊘ 347	V 975	⁚ 293
7 265	▮ 246	// 215	\ 334	★ 72	H 889	S 337	+ 144	⋱ 297
× 256	● 218	↑ 816	⊥ 48	I 886	⫯ 360	⊘ 339	↙ 977	− 307
⊙ 258	L 213	⁙ 845	II 52	U 945	T 362	/ 341	⦸ 979	■ 401

Gestickte Kacheln

Diese Bilder wurden liebevoll nach alten Delfter Kacheln gestickt. Vier der hier gezeigten Motive können nach dem Zählmuster auf der nächsten Seite gearbeitet werden.

Und so einfach kann Sticken sein

In nur drei Farbtönen werden diese Kacheln auf reinem Leinen (10 Fäden auf 1 cm) gestickt. Der Stoffzuschnitt sollte etwa 25 x 25 cm betragen. So bleibt genügend Stoff zum Einspannen in einen Stickrahmen und zum späteren Bekleben einer Rückwand. Gestickt wird über zwei Gewebefäden mit geteiltem Faden.

MEZ Sticktwist ☒ hellblau ● mittelblau ___ ■ dunkelblau

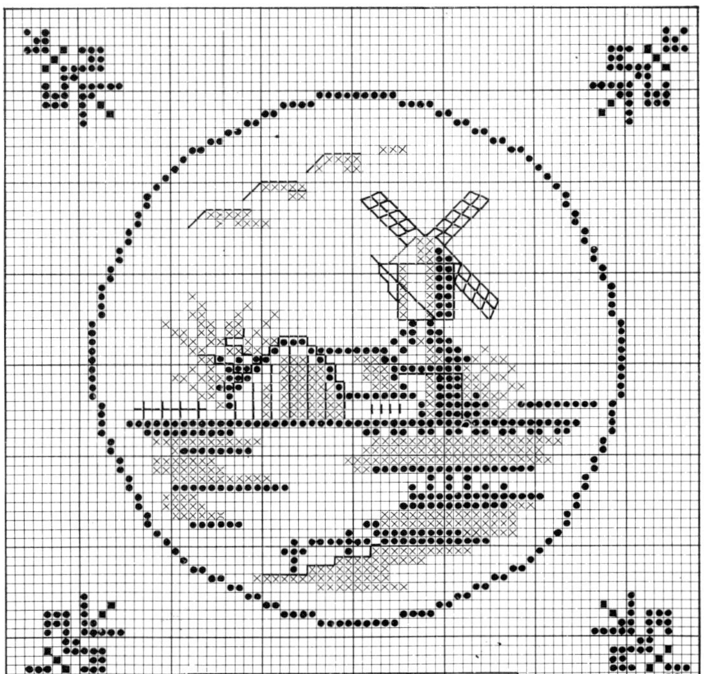

Permin-Design 12-2321

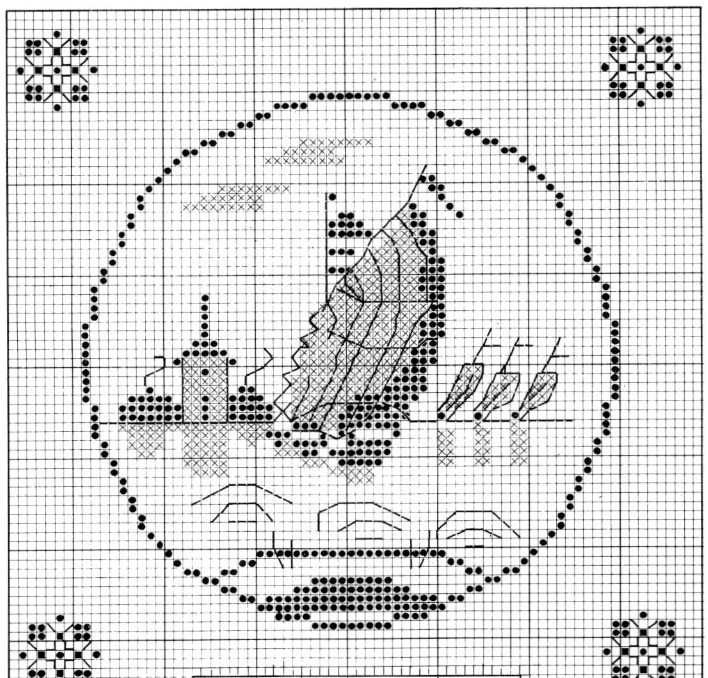

Permin-Design 12-2317

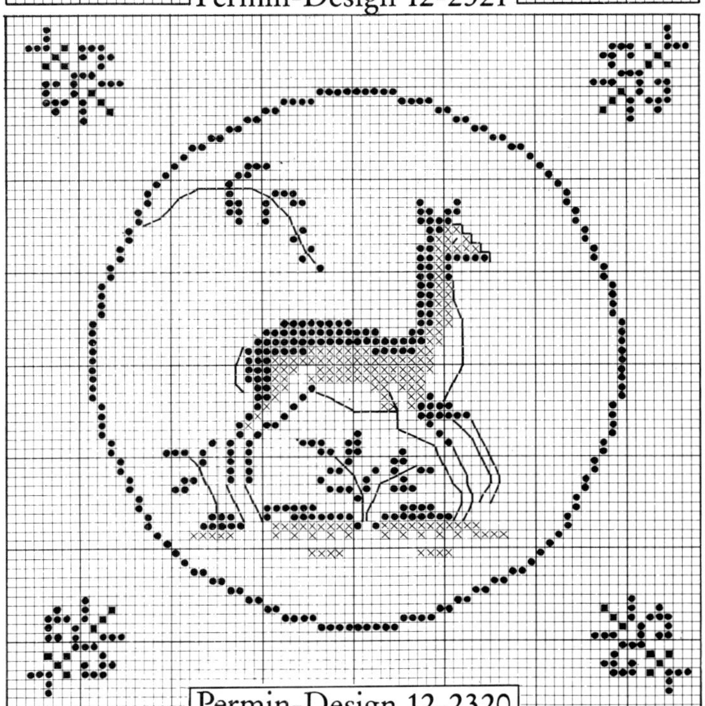

Permin-Design 12-2320

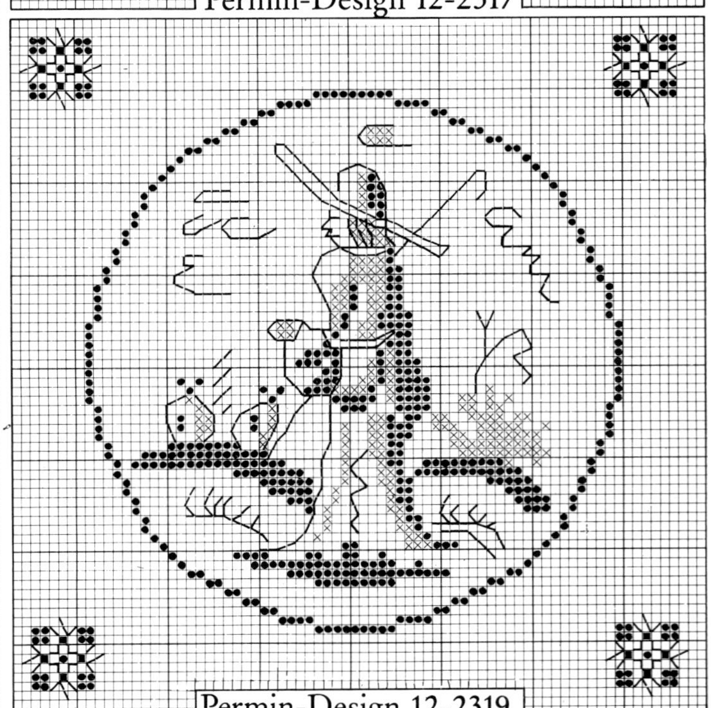

Permin-Design 12-2319

Gestickter Wandschmuck

Permin-Design

Herbstbäume — im Kreuzstich gestickt

Da aus Platzgründen nicht alle Muster abgebildet werden können, haben wir uns für die Herbstbäume entschieden. Die goldenen Farben des Herbstes kommen in diesem Bild besonders gut zum Ausdruck. Gestickt wird auf einem rustikalen Grundgewebe, das 6 Fäden auf 1 cm hat. Der Zuschnitt beträgt ca. 40 x 40 cm. Als Stickgarn wurde MEZ-Kelimwolle mit geteiltem Faden verstickt. Jedes Kästchen bedeutet ein gesticktes Kreuz über zwei Gewebefäden. Beachten Sie bitte, daß bei Kreuzstich-Zählarbeiten immer von der Mitte aus begonnen wird!

- U *hellgold*
- Ø *hell gelbbraun*
- X *hell gelbgrün*
- *dunkel gelbgrün*
- *hellblau*
- *blau*
- ★ *dunkelrost*
- *blaugrün*
- O *beige*
- + *hell rotbraun*
- *rotbraun*
- / *dunkel olivgrün*
- ■ ---- *dunkelstes braun*
- ● ~~~~ *dunkelbraun*

Geschenkideen zum Osterfest

Ein beschwingter Frühlingsbaum als Wandbehang stimmt auf Ostern ein!
Alle Teile sind mit dem Zählmuster der Seite 64 nachzuarbeiten. Ob Eierwärmer, Tablett, Deckchen oder Sets, mit etwas Phantasie lassen sich auch noch andere Möglichkeiten zum Besticken finden, wie z. B. Postkarten oder Stickeier für den Osterstrauß (siehe Stickvorschläge Seite 66).
Gearbeitet wird auf cremefarbigem Baumwollstoff (10 Fäden auf 1 cm) über drei Gewebefäden mit MEZ-Sticktwist.

Højskolernes-Design HH 21200

„Vogelbaum“ Zählmuster

Geschenkideen zum Osterfest

Eine ganze Hasenfamilie tummelt sich in fröhlicher Runde auf dieser lustigen Osterdecke. Alle Teile sind mit dem Zählmuster der nächsten Seite nachzuarbeiten. Ob Eierwärmer, Tablett, Deckchen oder Sets, mit etwas Phantasie lassen sich auch noch andere Möglichkeiten zum Besticken finden, wie z. B. Postkarten oder Stickeier für den Osterstrauß (siehe Stickvorschläge Seite 66). Gearbeitet wird auf cremefarbigem Baumwollstoff (10 Fäden auf 1 cm) über drei Gewebefäden mit MEZ-Sticktwist.

Rico-Design 46600

Diese Teile müssen mit entsprechend kleineren Kreuzen über zwei Gewebefäden und mit geteiltem Faden gestickt werden.
Die Eierwärmer können mit einem roten Schrägband eingefaßt und die Eier mit etwas Watte ausgepolstert werden.

+ *46 rot*	U *161 hellblau*	Ø *305 gelb*	X *369 mittelbeige*
0 *78 rosa*	△ *256 hellgrün*	V *332 orange*	● *371 hellbraun und Kontur*
⊠ *109 lila*	▲ *257 dunkelgrün*	O *367 hellbeige*	■ *381 dunkelbraun*

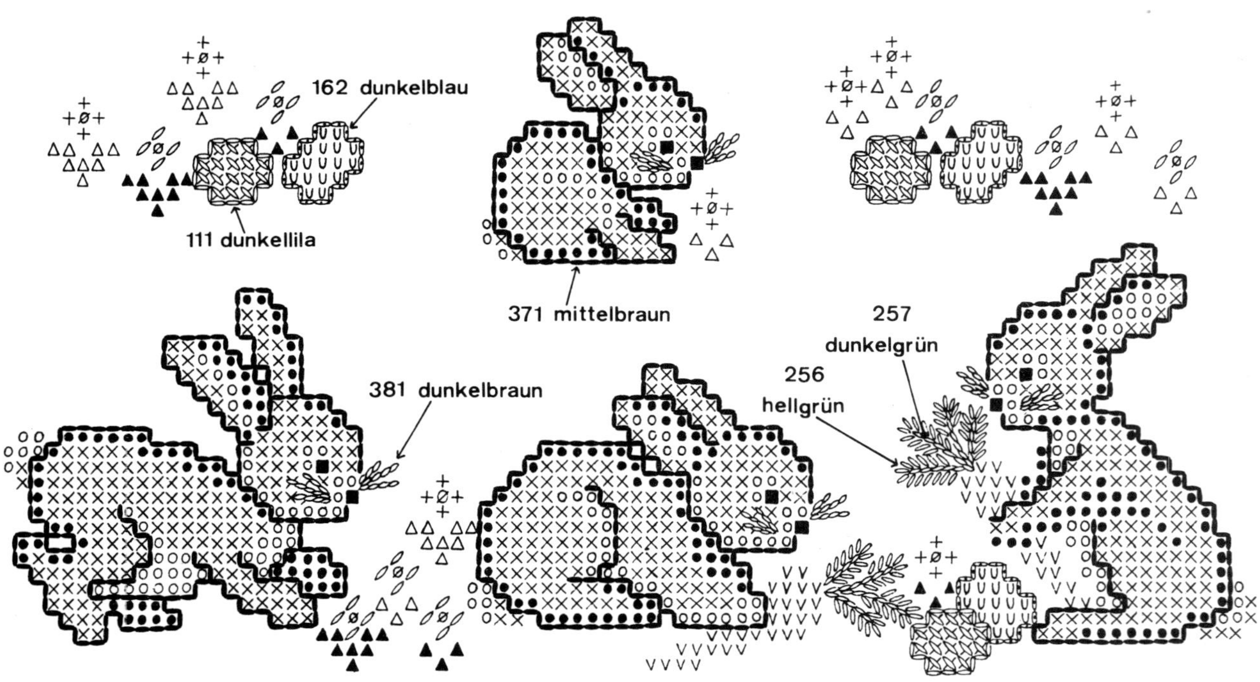

Osterglocken im Kreuzstich

Die hier abgebildeten Osterläufer sind etwa 30/100 cm groß und wurden im Kreuzstich auf unterschiedlichstem Gewebe gestickt. Da die Zählmuster sehr groß sind und viel Platz einnehmen, haben wir uns zum Nacharbeiten für die Osterglocken auf gelbem Gewebe entschlossen. Gestickt wird auf einem Aida-Gewebe aus Baumwolle mit geteiltem MEZ-Sticktwist. Da sich der große Aidastoff hervorragend zum Auszählen eignet, dürfte Ihnen das Nacharbeiten keine große Mühe bereiten.

(Kreuzstich Stickanleitung siehe Seite 56.)

68-9362 *Permin-Design 68-9361* *68-6395*

hellgelb · rot · gelbgrün · hellgrau · dkl'grau · orange · braun

gelb · oliv · grün · grau · dkl'grün · hellbraun · weiß

h'gelbgrün

Mit geteiltem Faden sticken.

WEB-TEX
Design Nr. 168

Ostern auf dem Lande 13/18 cm

MEZ
Sticktwist

- dunkelgrün
- hellgrün
- dunkelblau
- hellblau
- dunkelbraun
- mittelbraun
- hellbraun
- gelb
- rot
- rosa
- beige
- dunkelrost
- hellrost
- Gesichtsfarbe

Steppstiche:

- schwarz
- mittelbraun
- dunkelgrün
- rost hell
- blau hell
- rot
- gelb

Osterhasen im Plattstich

Das Häschen, das hier fleißig beim Malen ist, kann von Ihnen mit Hilfe unserer Abbildung nachgearbeitet werden.

Zuerst wird der Rapport auf transparentes Seidenpapier durchgepaust und dann mit Kohlepapier auf den Stoff übertragen. Die Verteilung der Motive bleibt Ihnen überlassen. Wer es sich zutraut, kann die untere Abbildung auch auf ca. 20 cm in der Breite vergrößern.
(Hilfe: Seite 41)

Das Grundgewebe sollte nicht zu grob sein (etwa 10 Fäden auf 1 cm) und einen beigen Farbton haben.

◁ *Rico-Design 46 570*

Osterhasen im Kreuzstich

Viel Arbeit gibt es zum Osterfest für unsere kleinen Häschen. Hier sind sie fleißig beim Verzieren der Ostereier mit bunten Schleifen. Viel Arbeit macht es auch, eine gestickte Osterdecke fertigzustellen. Es ist daher ratsam, schon rechtzeitig mit der Arbeit zu beginnen.

Die Sticktechnik ist einfach: gestickt wird im Kreuzstich nach unserem Stickprobenausschnitt. Die Schleifen der Ostereier sind im Stielstich, die Konturen im Steppstich gearbeitet. Das Gewebe sollte auf 1 cm ca 10 Fäden haben und über 3 Fäden bestickt werden. Die Garnfarben, die mit einem x versehen sind, werden mit geteiltem Faden verarbeitet.

Rico-Design 46 270 ▷

Das große Geschenk

Eine Stickidee für Freunde der naiven Malerei

Wie man auf der zweiten Abbildung deutlich sieht, kann dieses heitere Landleben auch in sechs Einzelbilder zerlegt werden. Die Trennpunkte sind auf dem Zählmuster genau angegeben. Ein Stickthema, das trotz seines Umfanges nicht unlösbar erscheint. Mit einem passenden Rahmen versehen, können diese Bilder ein fröhlicher Wandschmuck für Flur, Kinder- oder Wohnzimmer sein.

Rico-Gobelin 59 294

Und so wird's gemacht!

Nach dem farbigen Zählmuster auf der nächsten Seite kann dieses Bild im Kreuz- oder Gobelinstich nachgearbeitet werden.
Jedes Farbfeld bedeutet ein Stich auf dem Gewebe. Der Kreuzstich sollte, auf einem Gewebe mit 12 Fäden auf 1 cm, über 2 Gewebefäden mit MEZ-Sticktwist gestickt werden.
Der Gobelinstich wird mit Kelimwolle auf einem Feingobelin-Stramin mit 6 Fäden auf 1 cm gestickt. Die Bildgröße beträgt etwa 40 x 60 cm.

MEZ Kolim 100 % Wolle

3222
3418
3425
3225
3350
3107
3451
3456
3157
3402
3893
3068
3542
3322
3548
9907
3390
3386
3048
3101
3060
3024
3134
3079
3056

Handarbeiten zum Advent

Viele Stickmöglichkeiten gibt es, um in der Vorweihnachtszeit die langen Abende sinnvoll zu nutzen und Fenster, Tisch und Wände mit weihnachtlichen Handarbeiten zu verzieren.
Alle hier abgebildeten Motive können mit den Zählmustern der nächsten Seiten nachgearbeitet werden.
Genauere Beschreibungen, sowie Farb-, Stoff- und Garnangaben, befinden sich bei den entsprechenden Mustern.

Rico-Design 47 390

Hojskolernes-Design HH 21 159

Hojskolernes-Design HH 21 161

Rico-Design 47 400

Kirchenfenster

Gestickt wird auf einem Gewebe mit 8 Fäden auf 1 cm mit MEZ-Sticktwist oder Mattstickgarn über zwei Gewebefäden. Oben und unten sollte eine schmale Leiste in den Saum eingearbeitet werden, an der dann auch der Faden zum Aufhängen befestigt werden kann.
Jeder Punkt auf dem Zählmuster bedeutet auf dem Gewebe ein Kreuz. Die Linien werden im Steppstich gestickt.

Design HH 21 159

Julmännchen

Über zwei Gewebefäden im Kreuzstich, mit MEZ-Sticktwist oder Mattstickgarn, können diese Julmännchen auf Halbleinen (11 Fäden auf 1 cm) gestickt werden.
Mit genügend Phantasie lassen sich selbst kleine Verbindungsmotive wie Äpfel, Herzen, Kerzen oder Glocken zwischen den Julmännchen einfügen.

Christkind

Alle Jahre wieder kann diese Weihnachtsdecke aufgelegt werden. Ist sie einmal gestickt, verschönt sie mit ihren pastellartigen Farben jede Weihnachtsdekoration.
Gestickt wird nach einem Zählmuster im Kreuzstich mit MEZ-Sticktwist, je nach gewünschter Größe, über 2—3 Gewebefäden auf einem Gewebe mit etwa 10 Fäden auf 1 cm. Der Rand kann gesäumt und mit einer aufgesetzten Zackenlitze verziert werden.

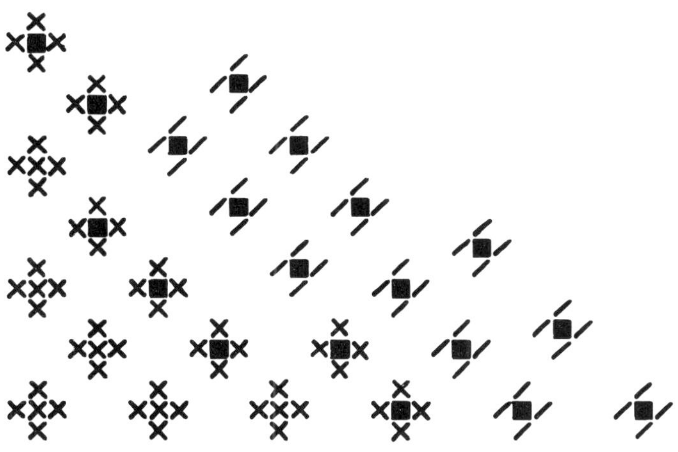

○	gelb	301	I	hellrosa	6
Ø	dunkelgelb	313	■	rot	13
◢	orange	329	/	hellgrün	255
V	hellbraun	368	✕	dunkelgrün	268
▲	dunkelbraun	370	0	hell-lila	870
U	schwarz	403	⬮	mittellila	871
•	blaßlila	869	✖	dunkellila	873

Weihnachtsmann und Engel auf dem Tandem

Vorbei ist die Zeit, in der ein Weihnachtsmann die Kinder auf dem Schlitten besuchte. Damit unnötige Wartezeiten vermieden werden, legt er sich von nun an kräftig in die Pedalen! Gestickt wird im Kreuzstich nach einem Zählmuster, auf dem jedes Symbol für eine bestimmte Stickgarnfarbe steht. Auf dem Stoff wird dieses als Kreuz über 2–3 Gewebefäden verstickt.
Die Gewebestärke sollte etwa 10 Fäden auf 1 cm betragen. Der Wandbehang wird mit der entsprechenden Zugabe ca. 50/60 cm groß. Mit einem roten Schrägband kann er abschließend eingefaßt werden. Die Zahlen können mit einem Textilfaserstift aufgemalt oder mit zweifädigem Stickgarn gestickt werden. Die nötigen Messingringe bekommt man im Handarbeits- oder Bastelladen.

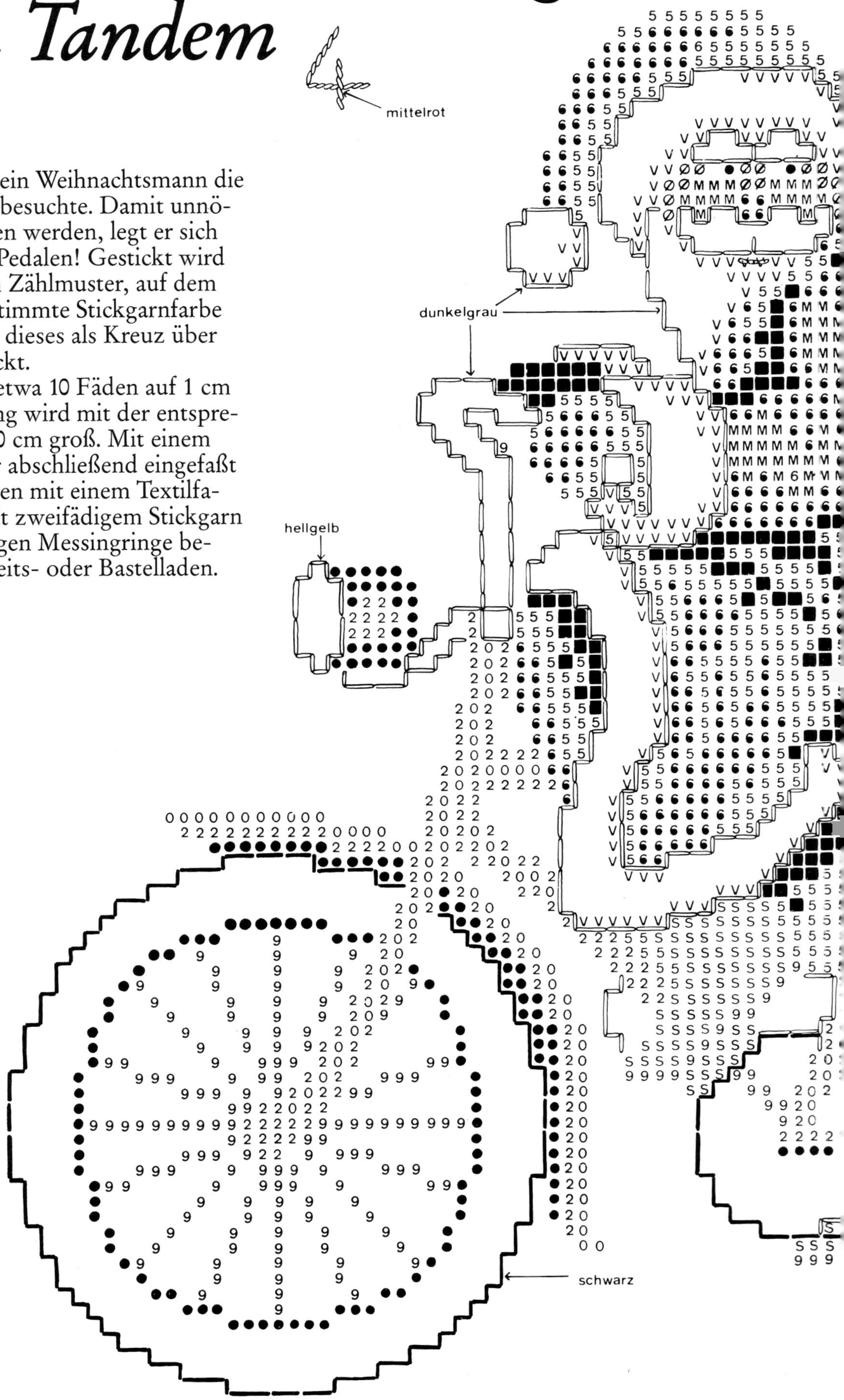

MEZ-Sticktwist

Ø	hellrosa	6
M	mittelrosa	9
1	dunkelrosa	10
■	dunkelrot	44
6	hellrot	46
5	mittelrot	47
3	hell-lila	95
4	mittel-lila	96
◢	dunkel-lila	97
0	hellblau	144
2	mittelblau	146
●	dunkelblau	147
7	grün	268
8	hellgelb	305
▲	dunkelgelb	307
	orange	332
•	hellbraun	368
/	mittelbraun	369
✕	dunkelbraun	371
V	hellgrau	398
9	dunkelgrau	399
S	schwarz	403

mittelbraun
dunkelbraun
mittelblau
mittel-lila
dunkel-lila
orange
dunkelgelb
mittelrot

Adventshaus zum Sticken

Dieser Setzkasten kann Adventskalender und Regal für Miniaturen zugleich sein. Außerhalb der Weihnachtszeit wird lediglich die Rückwand mit der Stickerei entfernt — fertig ist das Regal! Zum Nachbauen benötigen Sie folgende Holzstärken und -längen:

Außen: Stärke 1,0 cm x 4,5 cm : 150 cm
Innen: Stärke 0,5 cm x 4,5 cm : 250 cm

Die genauen Schnittlängen entnehmen Sie bitte unserem Beispiel von Seite 83.
Gestickt wird nach unserem Zählmuster mit geteiltem MEZ-Sticktwist auf einem Gewebe mit 11 Fäden auf 1 cm über zwei Gewebefäden.

WEB-TEX-Design

Schnittlängenbeispiel

Längs- und Querstreben bis zur Mitte in 0,5 cm Breite einsägen, mit Leim bestreichen und zusammensetzen.

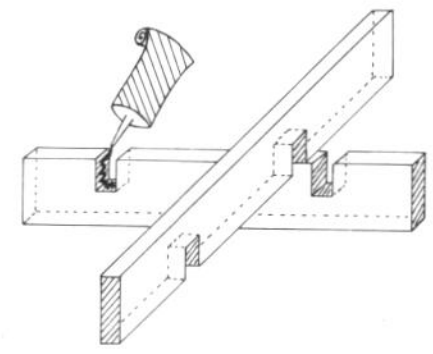

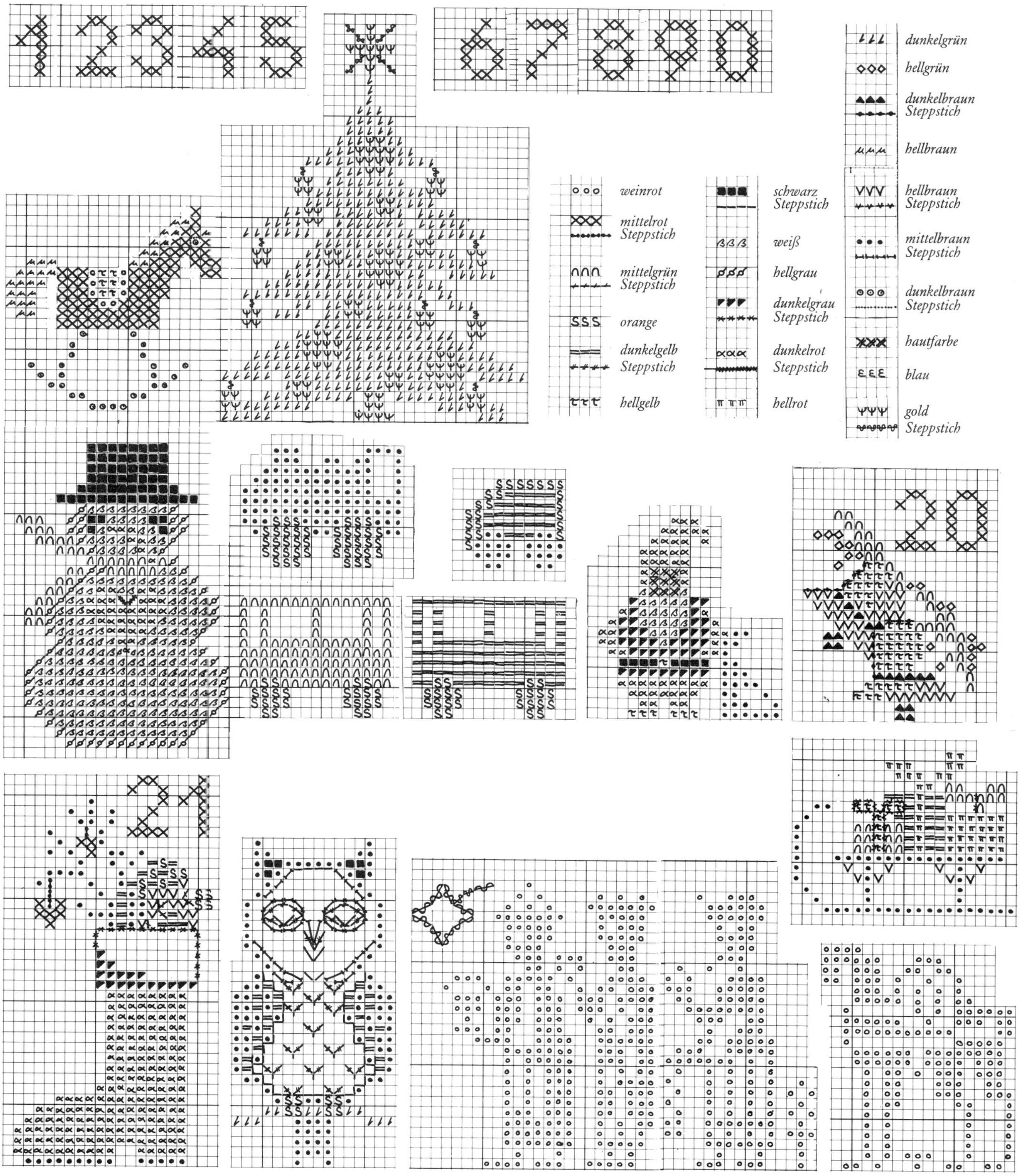

Der Stoffzuschnitt beträgt etwa 50 x 50 cm. Bevor mit dem Sticken begonnen wird, sollte das Haus gebaut und zusammengeleimt sein. Die einzelnen Unterteilungen werden dann mit einem Bleistift auf den Stoff übertragen und mit den entsprechenden Motiven ausgefüllt.

Rico-Design 46 150 *Rico-Design 46 140*

Runde Rahmen weihnachtlich bestickt

11 cm Durchmesser haben diese hölzernen Gardinenringe, die es in fast jedem Heimwerkerladen zu kaufen gibt. Gestickt wird auf einem rustikalen Leinengewebe, das 11 Fäden auf 1 cm hat und in Handarbeitsgeschäften erhältlich ist. Das Stickgarn sollte MEZ-Sticktwist sein und mit geteiltem Faden verstickt werden. Nach Beendigung der Stickerei schneiden Sie sich runde Pappscheiben in 10 cm Durchmesser zurecht und legen diese auf Ihre Stickerei. Beachten Sie jedoch, daß die Abstände zur Stickerei gleichmäßig sind, bevor Sie nun mit der Schere an der Pappscheibenkante entlang das Muster ausschneiden.

Sollten Sie einen etwa 0,5 cm dünnen Schaumstoffrest zur Hand haben, so empfehlen wir, diesen ebenfalls auszuschneiden und zwischen Stickerei und Pappscheibe als dünnes Polster zu legen. Die Stickerei gewinnt mit diesem kleinen Trick beachtlich an Aussehen!

Sind alle Teile zusammengeklebt, wird noch ein selbstklebender Bildaufhänger, den es beim Fotohändler zu kaufen gibt, an der Rückwand befestigt.

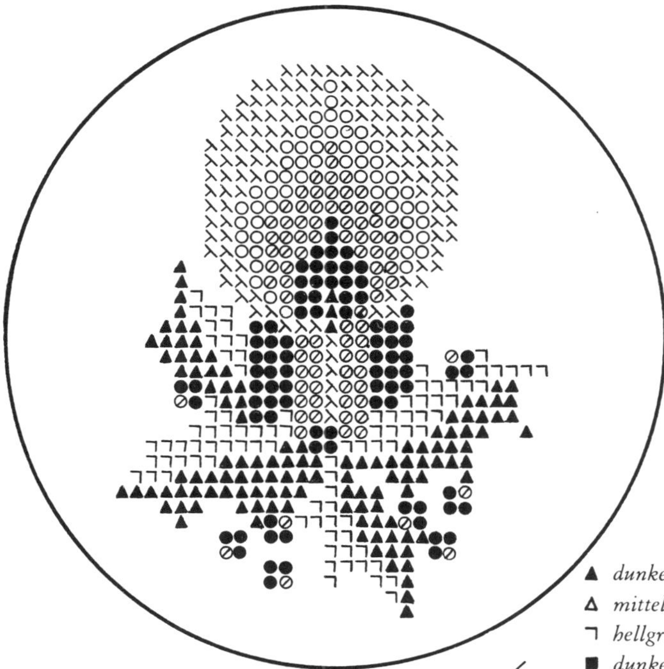

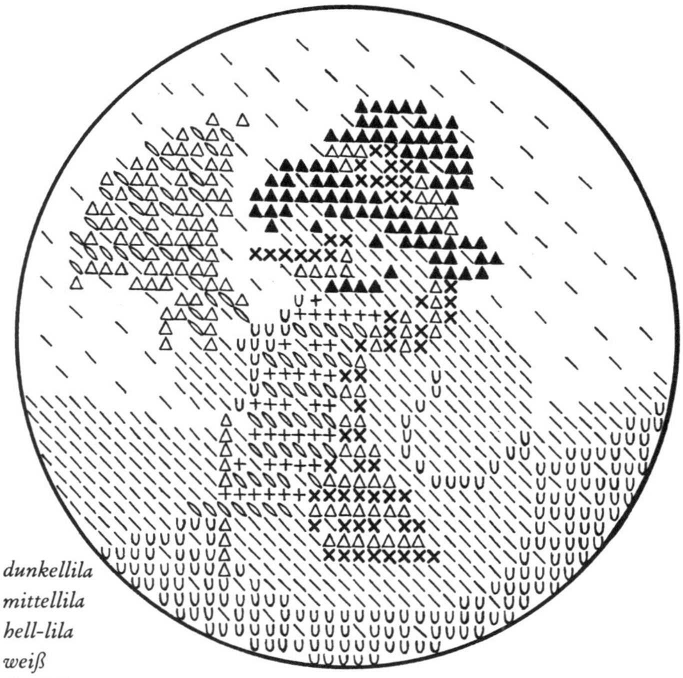

*46 150

▲	dunkelgrün	◣	dunkellila
△	mittelgrün	✕	mittellila
¬	hellgrün	+	hell-lila
■	dunkelbraun	/	weiß
╲	mittelbraun	●	dunkelrot
∅	hellbraun	⊘	mittelrot
ℓ	dunkelbeige	○	orange
∪	hellbeige	⋋	gelb

←

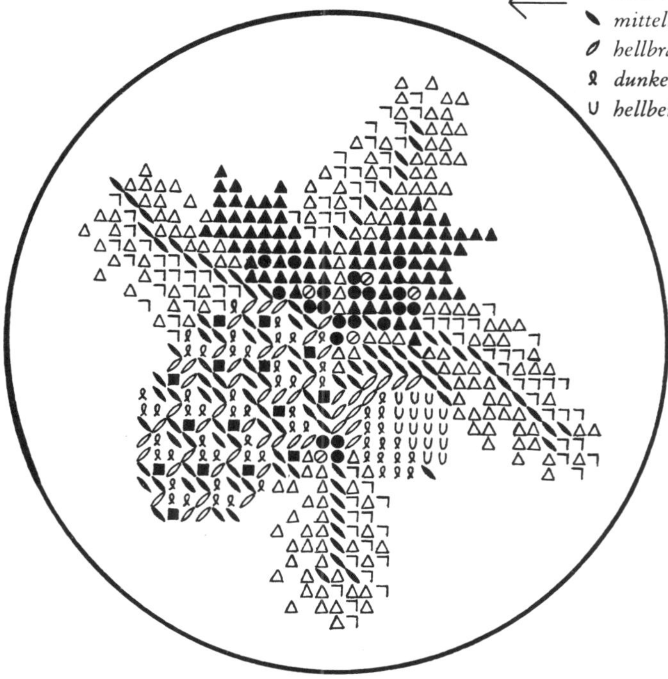

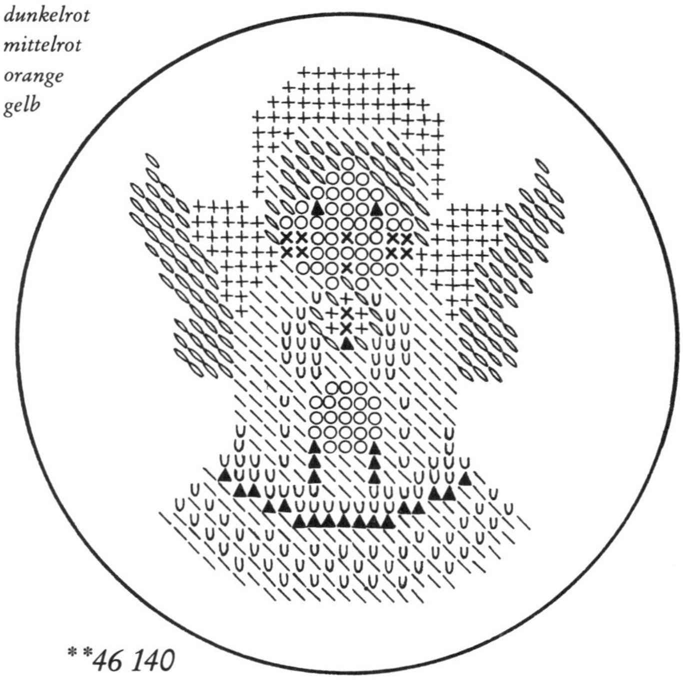

MEZ
Sticktwist

▲	blau
∪	grau
/	weiß
△	braun
✕	rot
○	rosa
+	orange
∅	gelb

**46 140

→

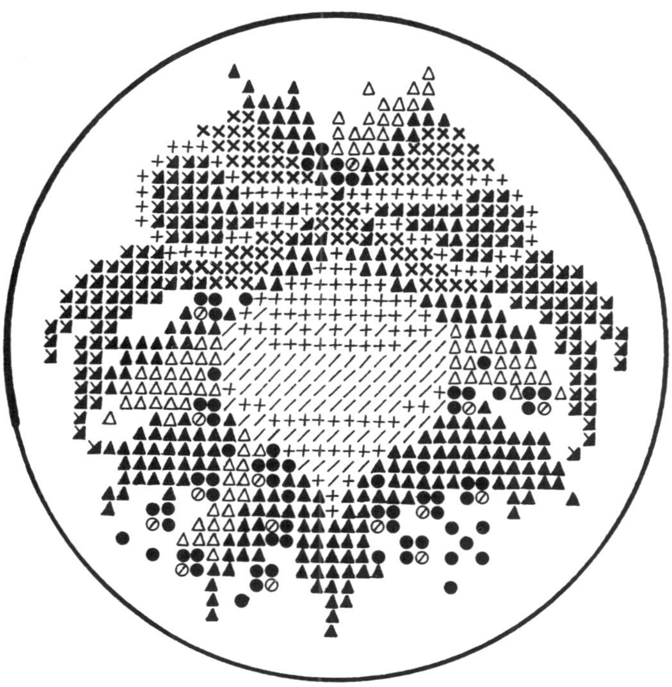

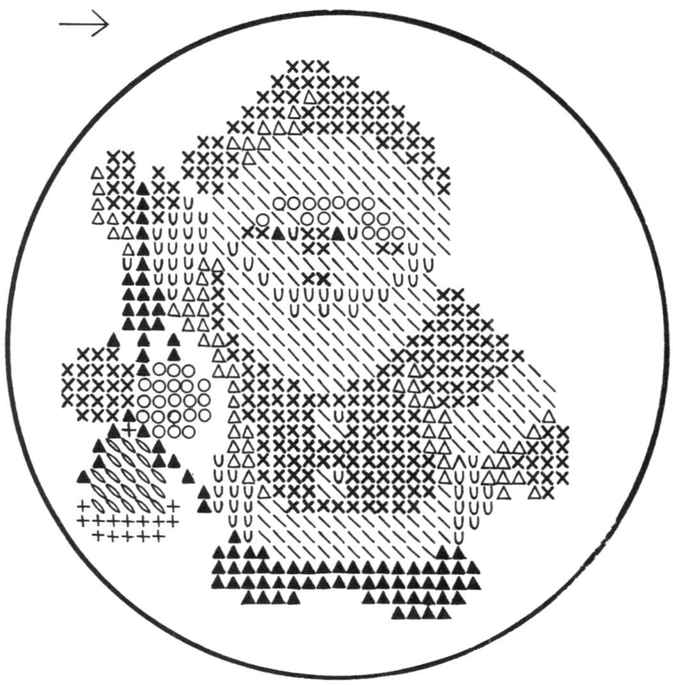

Gestickte Geschenke für das Weihnachtsfest

Permin – Design

Weihnachtlicher Tablettaufhänger

Ein Geschenk, das nicht nur praktisch, sondern auch dekorativ ist! Der Aufhänger ist schnell gestickt, denn der bereits fertig mit einer Zierkante versehene Aida-Streifen erleichtert das Auszählen und Fertigstellen dieser Handarbeit enorm.

Selbst ungeübte Stickerinnen haben keine Mühe und werden an dieser Handarbeit viel Freude haben.

Zu kaufen gibt es diese Streifen auch in anderen Farben in jedem Handarbeitsgeschäft. Zur Fertigstellung benötigt man etwa 2 Meter Stoff, einen Plastikring und MEZ-Sticktwist in zwei Farben.

Klein, aber fein

Eine originelle Art, kleine und wertvolle Geschenke zu verpacken

Permin-Design 1-4217 ▷

Gestickt wird auf weißem Aidastoff mit zweifädigem Sticktwist. Aus einem Stück Stoff von 16x18 cm bekommt man drei Beutelchen. Der Einzelzuschnitt beträgt 6x16 cm. Der Stoff wird in der Mitte zusammengelegt und oben jeweils um 3 cm nach innen geschlagen und mit einem Faden zusammengezogen.

Ein Kästchen auf dem Zählmuster ist gleich ein Kreuz auf dem Gewebe.

MEZ • Sticktwist

- gelb
- rosa
- rot
- grün
- schwarz

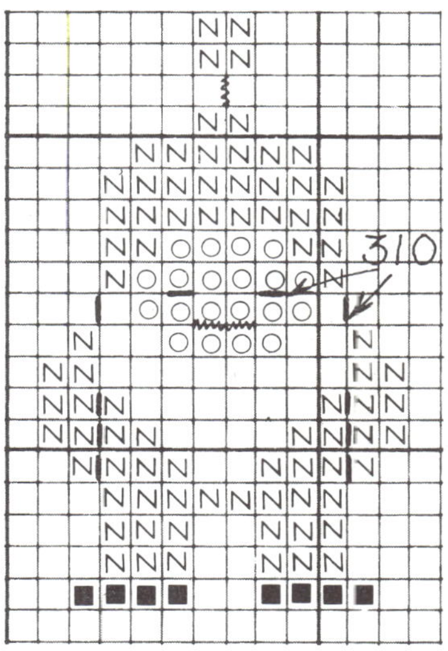

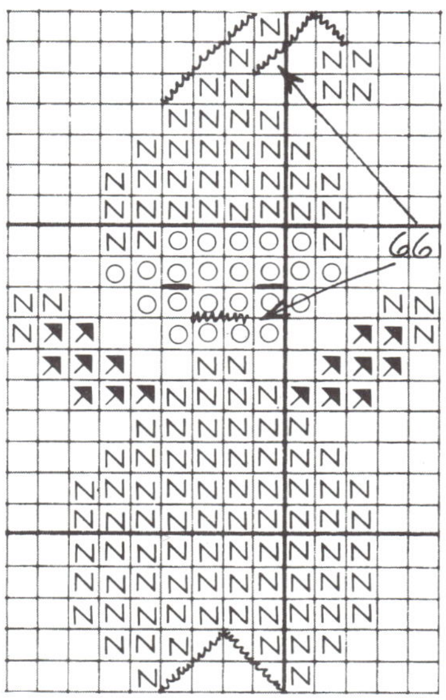

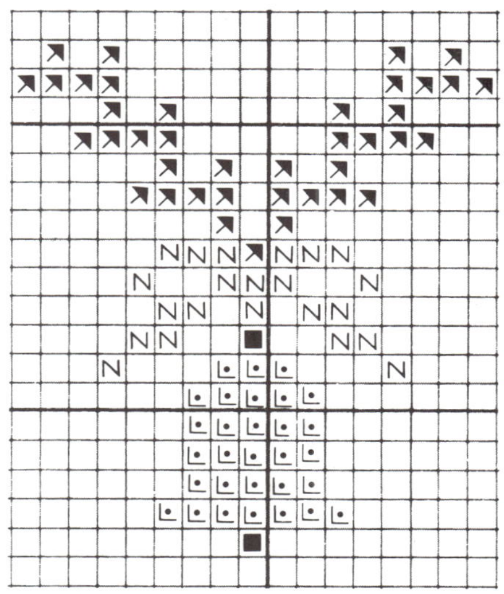

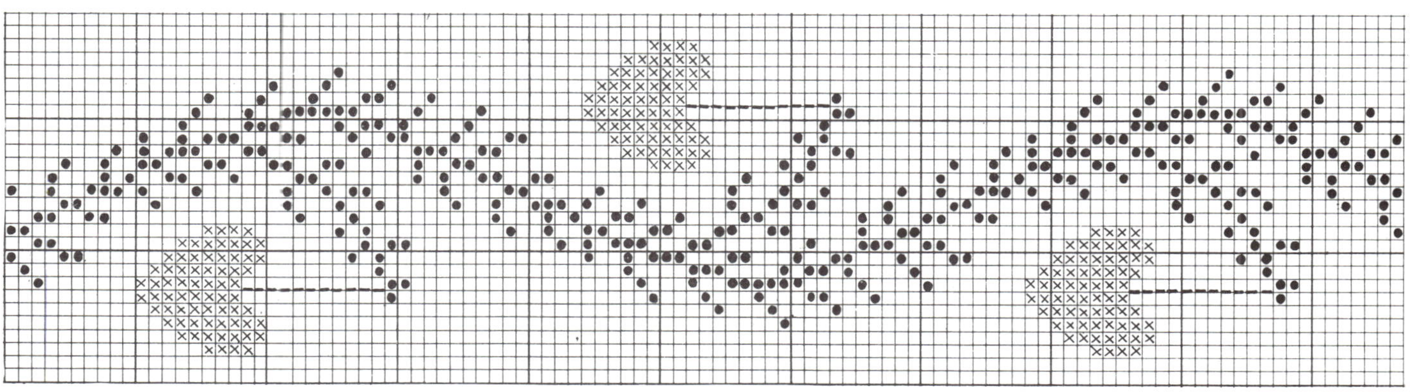

Gestickte Christsterne auf Wandbehang und Streichholzschachtel

Permin Design 35 A-3207

Dieser Christstern verblüht nie

Nicht nur als blühende Blume und beliebtes Geschenk zur Weihnachtszeit, sondern auch als häufig gesticktes Motiv kehrt der Christstern Jahr für Jahr in unsere Stuben zurück. Dieser nach einer Zählvorlage gestickte Stern wurde auf einem Halbleinen, das 11 Fäden auf 1 cm hat, mit vierfädigem MEZ-Sticktwist gestickt. Die Stoffgröße beträgt etwa 20 x 35 cm. Die Rückseite kann mit etwas Vlieseline versteift und mit einem einfarbigen Futterstoff verkleidet werden. Die Messingbeschläge hierfür gibt es in jedem Handarbeitsgeschäft zu kaufen.

II gelb · ● dkl'rot · O hellgrün · / dkl'grün · ■ schwarz (wavy line)

X rot · \\ ••• blau · N grün · V ––– grau · • weiß

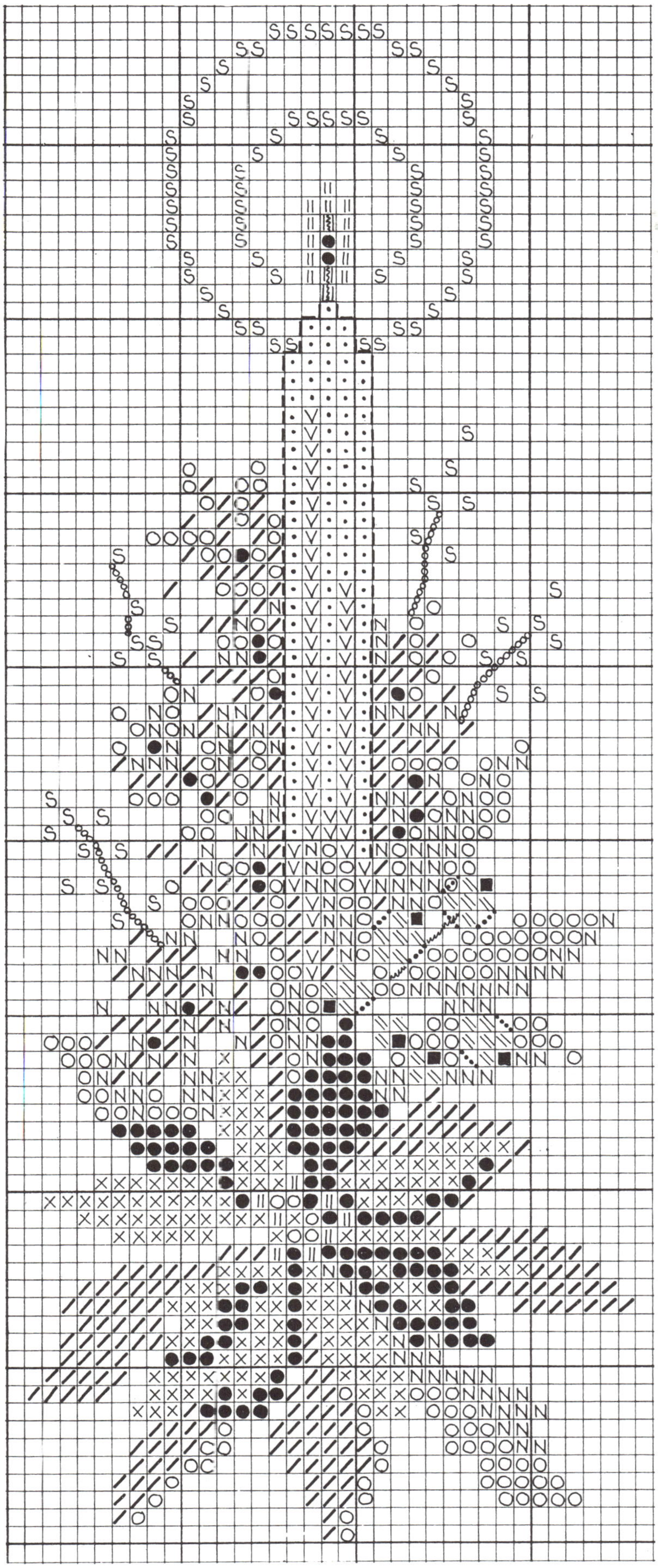

Gestickte Streichholzschachteln

Aus Platzgründen können wir hier nur das Zählmuster einer Schachtel abbilden.

Gestickt wird auf rotem Aida-Gewebe in Zierlitze gold von MEZ. Die Stoffgröße beträgt 9 x 13 cm.

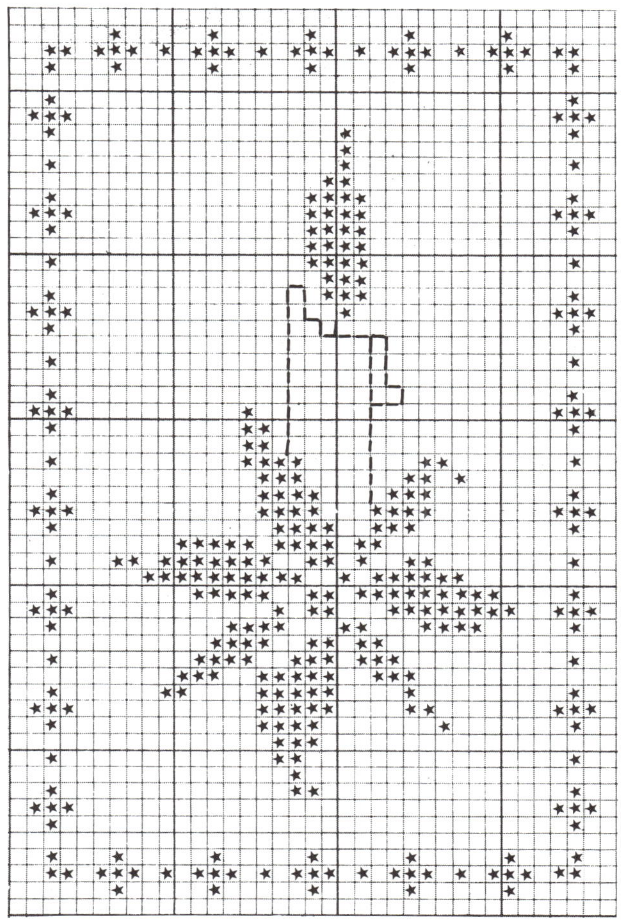

Rico-Design 46 930

Zinnschmuck & Stickvorlage

Stickerei nach altem Zinnschmuck

Ein lustiges Weihnachtskarussell dreht sich im Kreis

Alter Christbaumschmuck stand Pate bei dieser ausgefallenen Weihnachtsdecke. Die Motive können auf Seidenpapier abgenommen und auf den Stoff mit Kohlepapier übertragen werden. Gestickt wird mit MEZ-Sticktwist vierfädig und Zierlitze gold. Die Tannennadeln, Bändchen und Schleifen sollten mit ganzem Faden gestickt werden.

MEZ	1 weiß	20 dkl'rot	129 hellblau	267 hellgrün	302 gelb	360 dkl'braun	881 h'rosé
Sticktwist	9 rosé	46 rot	131 blau	268 grün	358 braun	398 grau	gold

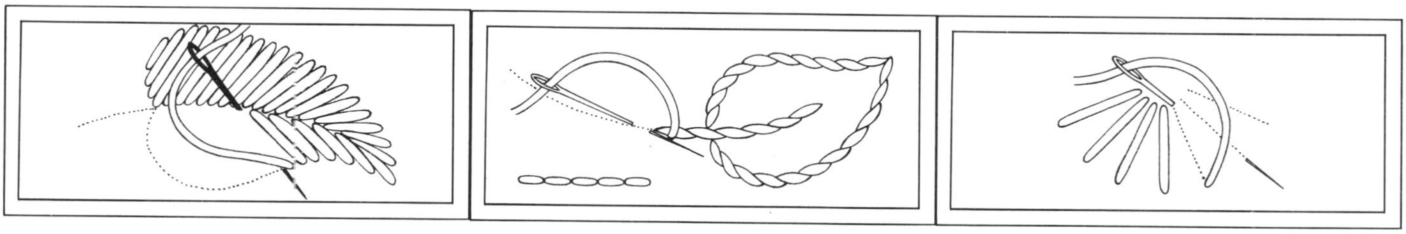

Register

Für alle abgebildeten Handarbeiten
zum Nacharbeiten stellte Studio Goschke die Aufnahmen her.
Alle Zählmuster stellten uns freundlicherweise
Permin-Copenhagen, Højskolernes-Kerteminde sowie WEB-Tex, Schweiz, zur Verfügung.
Die vorgezeichneten Handarbeiten stammen
aus dem Atelier der Firma Rico-Dekor.

Eingelegte Heringe
Heringe
Salz
Zubereitung
Frische Heringe zurichten, panieren und braten. Die Zwiebel schälen, in dünne Ringe schneiden und zusammen mit den übrigen Zutaten aufkochen.
Warm über die Heringe gießen und diese gut ziehen lassen. Die Heringe können, kaltgestellt, etwa 14 Tage aufbewahrt werden.
4 , 1 Zwiebel, 1/2 Wasser,
1/2 Essig, 1 Teelöffel Pfefferkörner,
1/2 Teel. Zucker u. Salz, 1 Lorbeerblatt